上外法律评论

SISU LAW REWIEW

（2017年卷·总第3卷）

王　静　主　编
张海斌　执行主编

法律出版社
LAW PRESS·CHINA

编委会成员

目录

经济制裁在国际法上的合法性分析

王海镇*

一、以联合国名义启动的经济制裁性质

《联合国宪章》第1条明确宣示,其宗旨为"维持国际和平及安全;并为此目的:采取有效集体办法,以防止且消除对于和平之威胁,制止侵略行为或其他和平之破坏",为此,《联合国宪章》第41条赋予安理会在认为有必要时,根据安理会决议,可要求成员国采取除军事手段以外的所有措施,包括"断绝经济关系、铁路、海运、航空、邮、电、无线电及其他交通工具之局部或全部,乃至断绝外交关系"。然而,联合国事实上一直到20世纪90年代只启动了两次经济制裁,即1966年对南罗德西亚(安理会决议S/RES232)以及1977年对前南非的制裁措施(安理会决议S/RES/418)。之所以出现这种情况,除了因冷战结构的因素以外,[1]安理会本身对该项措施的启动还是较为慎重的。因为以联合国安理会的名义启动经济制裁,即意味着几乎国际社会全体已对特定国家的行为违反了国际法或国际法准则这一事实达成了共识,这样的情形原本就不多,更何况在事态发展到那一步以前,国际社会应该还有很多外交或政治手段去解决,控制事态的发展。故而,从某种意义上经济

* 上海外国语大学法学院副教授,研究方向为国际经济法,竞争法。

〔1〕 因为安理会的决议必须得到五个常任理事国的同意,任何一国的反对都将导致决议不能通过,故若有涉及冷战任何一方阵营的成员时,其在安理会的代表都可能投反对票,从而阻止决议的通过,如从1972~1990年,在联合国有关制裁以色列的决议上,美国就曾动用了30多次否决权。

制裁应被视为仅次于军事打击的极为严厉的手段。但自20世纪90年代以来,以联合国名义发动的经济制裁却出现了大量增加的迹象,几乎以每年一次的频率在启动,如对伊拉克(1990年),对塞尔维亚(1991年),对索马里(1992年),对利比里亚(1992年),对利比亚(1992年),对苏丹(1996年)等,截至2002年年底安理会已启动了26例。毋庸讳言,这是因为冷战结束后,以美国为代表的西方国家可以更随意地操控、利用包括联合国在内的众多国际机构,为他们的全球战略及地缘政治利益、国际均势的重新布局提供便利,对不接受其意图的国家、势力利用一切手段进行压制,包括经济制裁措施,这从经济措施的实施对象的变化也可看出。原本《联合国宪章》规定的制裁对象仅限于对国际和平的"威胁,侵害及侵略行为",而20世纪90年代后则出现了对此基准的明显修改,如对索马里、卢旺达的制裁理由是因为这两国的内战,对利比亚是因为泛美航空的飞机爆炸,利比亚政府拒绝引渡嫌疑人,对塔利班是因为怀疑其支持恐怖袭主义势力,对海地和几内亚比绍是因为其政府不民主,政府管理失败。这些原本不在安理会制裁范围内的事项都被纳入了制裁范围,特别是"9·11"事件后,美国又披上了受害者的身份,故更可轻易在安理会获得制裁许可,其他国家也考虑到美国的受害者身份而予以默认,甚至许可其直接对伊拉克开打,但事实上至今美国未能提出当时开打的理由,即萨达姆拥有大规模杀伤性武器。

一般来讲,无论背后是否有美国的影响,只要是以安理会名义启动的经济制裁,理论上应可排除对其措施决定的合法性怀疑,但对其具体实施过程依然有进一步分析的余地。

因为联合国自身并不拥有实体经济资源,也无其他可用资源,因此事实上只有通过"要求"成员国依据安理会决议内容,在本国可执行范围内予以执行以兑现安理会的制裁。在此过程中,成员国对特定对象的选定等也就有了很大的裁量空间,特别是掌握着国际贸易和金融资源的国家,如安理会决议规定了对特定国家实施"金融制裁",但对被制裁国的哪些银行机构,即是否包括商业银行,对银行业务的制裁是否包含对个人存款、储蓄在内的所有业务、利息计算等具有很大的裁量余地，不同国家可使用的资源和影响也不一样，其制裁效果也会有很大的不同。再如制裁对象包含了“应对违法行为承担责任”的个人时，被制裁个人名单如何确定也同样是个问题，尽管程序上安理会在很多事例中会设立“制裁委员会”，由委员会来选择，确定制裁对象，但实际上选择过程并无任何公正、透明可言。如安理会于 1999 年 10 月 15 日通过了 1267 号决议，因前一年美国在坦桑尼亚和肯尼亚大使馆被炸，决定对阿富汗塔利班组织进行制裁，该决议确定的“资产冻结”对象设定为“塔利班以及塔利班所拥有或支配的企业”，但第二年对象范围则扩大到了“本拉登以及其他相关人员”（S/RES/1333）。而“9·11”事件后制裁清单上的名单（个人包括企业）则出现了迅猛增加的状况，达到了数百人之多。[1] 瑞典政府对出现在 2011 年 11 月制裁清单上的 3 名瑞典公民和两家瑞典企业在冻结他们资产的同时，要求联合国制裁委员会及美国政府提供相关依据信息。但瑞典政府在对美国提供的资料进行了详细分析后，发现没有任何合相关证据或理由足以将上述对象放入制裁清单中，瑞典政府遂要求制裁委员会删除上述名单，但因美、英等国的强烈反对，最后并未能成功。此后，直到 2002 年的 8 月，经瑞典政府与美国政府多方交涉，才得以删除其中的两个人，[2] 剩下的一个人和两家企业只得自认倒霉。不难推测，类似事件肯定不止这一例，可见即使以联合国安理会名义发动的制裁措施，其具体实施过程中仍有可能存在很大的随意性和裁量权。

二、美国单独或与其他国家联手发动的经济制裁

除联合国的经济措施以外，美国单独或联手其他西方国家一起对特定国家或对象启动的经济制裁措施无论从数量还是内容上来看，都丝毫不逊色于

〔1〕 与塔利班有关的嫌疑人约 137 名，基地组织相关人员 258 名，团体 103 个，载联合国网站：http://www.un.org/sc/committees/1267/consolist.shtml，最后访问日期：2010 年 3 月 25 日。

〔2〕 参见［日］小畑郁：《对个人的安理会强制措施以及人权法对此的制约》，载《国际问题》2010 年第 6 期。

联合国的记录。

"冷战"结束后,国际社会事实上形成了美国一方独大的格局,但也正因为缺失了像苏联这样一个无论从意识形态还是军事能力方面都能与美国相抗衡的一个对象后,因而在处理与应对一些较为复杂的国际事务或面对一些"不太听话"的国家时,就很难动辄启用军事高压手段来处理了。一方面胜之不武;另一方面从国际道义上讲也不好自圆其说,故经济制裁这一手段便成了较受历届美国政府青睐的称手工具了。

据全美制造业协会1997年公布的数据,美国从1993~1996年的时间里就对35个国家启动了经济制裁措施,[1]这些措施包括对美国的进出口贸易限制、投资限制、中止国际开发银行的融资、政府采购限制等。据1999年的另一项调查,截至1999年12月,美国共对约75个国家实施了经济制裁,涉及世界总人口的73%,这不得不说是一个令人惊讶的数字。[2]

美国著名智库布鲁金斯学会在分析美国经济制裁效果时对经济制裁做过如下定义:"经济制裁,就是以特定的国家(或实体)为对象,为达到让对方变更其经济,政治及军事方面的决定而采取的,主要是在经济领域(也包含政治及军事方面)的惩罚手段。"[3]

从这一定义分析也可看出,美国的经济制裁与联合国的以维护和平、消除战争威胁的宗旨完全不相干,其本质就是为实现其特定利益目标(包括地缘政治的、经济的、社会的等利益目标),利用自身所拥有的优势,对特定国家或势力采取的包括胁迫在内的单方面威压措施,根本不属于也不应该被混同于根据《联合国宪章》由安理会启动的经济制裁措施。

同样,在特定场合,当美国与其西方伙伴国拥有共同利益又得不到联合

---

〔1〕 National Association of Manufacturers, A Catalog of New US Unilateral Economic Sanctions for Foreign Policy Purposes 1993 - 1996, March 1997.

〔2〕 参见美国政府官方网站:http://www. usa engage. org/resources/map. html,另一可供参考的资料是乔治敦大学的卡特教授的调查。参见 Carter, Barry E. with the assistance of Williams, Michael, T(2002)Study of New U. S。

〔3〕 Richard N. Ha ass ed., *Economic Sanctions and American Diplomacy* (New York: Council on Foreign Relations Book, 1998), p. 1.

国的授权时，他们便会以国家联合的方式发动经济制裁。正如此次在乌克兰问题上一样，美国与日本、北约成员国等国家之所以急着要对俄罗斯启动经济制裁，并以将进一步强化制裁力度相威胁，完全是基于赤裸裸的地缘政治利益。以上诸国不能坐视俄罗斯逐渐扩大对乌克兰的影响，以影响将乌克兰变为北约置放在俄罗斯边境前哨的计划。同样，在此前对缅甸、伊朗、朝鲜、利比亚、叙利亚等国也几乎都是出于类似的原因。

就结论而言，无论美国单独启动的经济制裁，抑或与其他伙伴国家一起联手发动的经济制裁使用的名义为何，诸如维护民主也好，追求正义、保护人权也罢，在没有获得联合国安理会支持的情况下，这些行为都不能自动获得国际法上合法性的认可，对这些行为的合法性还应按具体情况予以个别分析和对待。

三、安理会经济制裁措施的合法性分析

如前所述，联合国安理会启动经济制裁措施的目的是排除威胁、破坏和平及侵略行为，但同时也必须在遵守联合国宗旨与原则的前提下展开活动（《联合国宪章》第 24 条），若因为经济制裁而对被制裁国的民众的声明、财产带来严重损害，这就可能不仅仅是“附带性损伤”问题，还有可能构成违反国际法的行为。

如自 1990 年“海湾危机”爆发后一直到 2003 年，安理会先后通过了 60 多个针对伊拉克的经济制裁、核武器禁运决议，涉及范围和持续时间之长极为罕见，并且影响之大及后果之严重也令人惊讶。

对伊拉克经济制裁的内容除了武器和相关军需物资外，肥料、杀虫剂等农产品也被视为具有“双重用途”而遭到全面禁运，这导致伊拉克农业几近崩溃。此外，如婴儿食品、儿童服装、卫生巾、灯泡、课本、纸张、医疗器械，甚至连绷带、药签、听诊器等救生物资也遭禁运。据世界卫生组织的一份调查报告显示，伊拉克儿童的死亡率是实施制裁前的 1 倍，其中 5 岁以下儿童的

死亡率增加了6倍。[1]

在上述事例中,由于联合国的经济制裁而实际造成了大范围无辜平民的生命、财产损害,这不能说是无法预料到的。而既然能预料到,那么联合国自身便难辞其咎。

日内瓦高等国际问题研究所的迪巴教授在2001年编撰的《联合国制裁与国际法》第二部分收录了几篇以《制裁与人道》为标题的论文,其中,哈默教授在题为《制裁与经济及社会文化的权利》一文中提出了3个敏感问题:①联合国是否可以以侵害经济与社会文化权利的方式实施经济制裁;②对因制裁而产生的人权侵害结果联合国是否应负责任;③决定采取制裁措施的联合国在什么样的情况下应对侵害人权的行为负法律责任。[2] 事实上,近年来随着经济制裁启动数量的不断增加,也引起了国际社会各方对此问题的高度关注。[3]

由于国际社会对伊拉克在经济制裁下的实际状况,特别是妇女、儿童等弱者的惨状引起了国际社会广泛关注,并受到巨大舆论压力,才有了此后的"粮食换石油计划"。同时,西方国家也有意识地在经济制裁的技术层面上提出了"聪明制裁"(smart sanction)或"定点制裁"(targeted sanctions)的设想,即将制裁对象圈定在特定的,应对违反行为或违法状态负责的主要的"领导者或特定团体",减少制裁的附带损伤,但这一提法本身便有消除外界对其制裁本身是否可能存在违反国际法的不当企图。

四、美国或与其他国家联手发动的经济制裁的合法性分析

正如本文开头所说的,经济制裁作为一个传统外交手段一直以来都是各

---

〔1〕 WHO, March 1996, The Health Conditions of the Population in Iraq since de Gulf Crisis: Section 4, Impact on Child Malnutrition.

〔2〕 Vera Gowlland-Debbas(ed.),"United Nations Sanctions and International Law", *Kluwer Law International*, 2001.

〔3〕 参见 Bennouna, Mohamed (2002)"Les sanctions économiques des Nations Unies", *Recueildes cours*, Volume 300, pp. 9–77。以及 Elias Davidsson (2003) "Legal Boundaries to UN Sanctions", *The International Journal of Human Rights*, 7(4), pp. 1–50。

国外交政策中的一个传统手段，各国原本可以随意使用。但随着国际关系的演变，特别是第二次世界大战后多个国际条约的渐次递交，国家间的关联已越来越紧密，而20世纪80年代后全球化浪潮又以不可阻挡之势迅速渗透进国际社会的各个角落，影响到国际关系的各个层面，这一结果导致今日主权国家在决定采取相关对外政策时不得不考虑众多的国际因素，当然也包括国际法条约上的制约。

譬如，在WTO成员之间，如果一国或数个国家决定禁止或限制来自同样是WTO成员的被制裁国家的产品进口，或限制对该被制裁国的产品出口，除非这一措施得到了WTO争端解决小组的认可，否则，这一措施就完全有可能违反WTO最惠国待遇原则和第11条禁止数量限制原则，而被制裁国家完全可向WTO提起诉讼，甚或名正言顺地实施报复措施。

此外，如果由于政府决定对特定国家进行制裁，而国内的特定企业、银行或其他实体与被制裁国的相关部门、企业或其他实体之间存在各种商业合同或业务时，由于制裁导致这些合同不履行、拒绝支付等给对方造成损失时，也须承担私法上的责任。因为如果是有联合国决议并且决议内容含有相关制裁项目时，私法上的违法性可得到阻却，但若仅仅是依据本国政府的政策导致违约时，私法上的违约责任不能回避。特别是冻结他国政府、企业或个人在本国境内的资产、金融资源等场合，令这些财产的实际拥有人无法有效支配自己的财产时，至少在制裁措施取消以前，这些措施即会产生类似于没收或国有化的效果，由于没有补偿措施，此时从国际法角度来看，仍可能涉嫌违反国际法。事实上，美国一直对古巴实施了长达半个多世纪的极为严酷的经济制裁，表面上的理由就是当初古巴革命时的国有化政策损害了美国大企业的利益。当然，实质性的深层原因则是卡斯特罗的反美主义以及他所领导的，与美国处处唱反调的社会主义国家本身。之所以至今为止，被制裁国家或势力没有对制裁国提出法律上的或实际上的追偿要求，只是因为他们不具备实力主张权利而已，且国际社会至今也没有提供可受理他们诉求的平台罢了，但这并不意味着这些制裁以及后果就是合法的。

当然在今天,作为主权国家其一国政府依然可以在相当程度上依据本国对外政策,决定对特定国家采取制裁措施,如包括拒绝或减少制裁对象国家的人员入境,减少或停止国家间正常外交交往,限制对象国家外交人员的豁免范围(这要考虑遵循对等原则),拒绝提供本国的相关技术、援助等。若确有必要也可依据 WTO 协定的相关规定和程序,获得中止与被制裁对象国的协定义务许可,为在经济、市场领域实施进一步制裁提供可能,只是这些也应以符合国际法原则的方式进行。

另外,从被制裁国家的角度来看,由于制裁方未得到安理会决议的支持,也就意味着对方在没有合法依据的情况下,采取了损害本国利益的行为,甚或可能被视为敌对行为时,被制裁国也应该被赋予采取自卫或报复措施的权利。正如当美国和欧洲一些国家在 2017 年 3 月因为“乌克兰事件”发表声明称将对俄罗斯进行制裁时,俄罗斯议会即刻表示将考虑起草一份对抗性法案,即如果欧美对俄罗斯实行制裁,俄罗斯将有权没收欧美企业及个人在俄罗斯的资产。[1]

五、结语

通过上述对经济制裁的不同角度进行简要分析后,不难看出在今日国际社会中动辄启动或以启动经济制裁相威胁的事件,很可能涉嫌违反国际法。当然也许有一些国家或政府会感到不能认同或无法接受,因为如果这一观点得以成立,那么,原本一国政府可自由选择使用的手段便受到了相当程度的束缚,甚或主权受到了损害,特别是欧美等西方国家已习惯了以此来迫使特定国家就范,若要其轻言放弃肯定有所不甘。但从另一视角来看,第二次世界大战以后国际关系本身的运作机制已有了很大的变动,由于大规模战争威胁的消除,特别是“冷战”的结束,使国际社会有充裕的精力和时间来重新构筑、梳理国际关系的互动机制。通过经济全球化运动以及近年来互联网的推

---

〔1〕 载凤凰财经:http://finance.ifeng.com/a/20140305/11813700_0.shtml,最后访问日期:2014 年 3 月 15 日。

动,国与国之间的距离已被大大缩短,至少从贸易角度来看,传统意义上的边境线已无实际意义,不同国家、文化、种族的价值观也在不断接近、融合,各种层次的非国家间组织也在这方面做出了很重要的贡献,特别是国际刑事法院的诞生很好地佐证了这一点(尽管其本身还有不少问题,但至少说明在今日国际社会的相当范围内共同的价值观形成,或接近已成事实)。在此情况下,个别国家或多个国家绕过联合国对特定国家凭借自身的经济或政治等方面的优势,对特定国家(特别是弱小国家)进行制裁本身就有值得商榷之处,此外,以国际法的视角去要求或规范这一行为也是国际社会逐渐趋于民主化、法制化的一个诉求。

即使是安理会在决定是否启动经济制裁措施时,也应保证其整个运作程序的公正、透明,以保障联合国自身的严肃性和公正性。同时,在做出制裁决定后,对整个制裁程序的运作、制裁对象、项目的确定和实施,都应考虑并提供外部监督机制。此外,国际法院也应参与,赋予相关利害关系方的申诉权利以救济其权益,只有这样,才能真正体现和落实《联合国宪章》的宗旨和目的——维护和平。

投资协定中的国民待遇规则

蔡嘉伟*

跨国投资是推动当今世界经济发展的重要驱动力,双边投资协定(Bilateral Investment Treaty,BIT)是国家间较为有力地促进和保护跨国投资重要国际法手段。从最初的低层次友好通商航海条约到简单的双边投资协定,再到目前正在谈判的中美向外商投资开放"负面清单"之外的所有经济领域的BIT,以及中国和欧盟谈判更高层次的《中欧全面投资协定》。这些行动将给未来跨国经济活动带来国与国之间互相交融、相互依存的格局,而国民待遇规则是投资协定中最为核心和敏感的规则,它包括投资准入和投资待遇两个方面。本文从这个核心规则切入,进而剖析投资协定的结构、意义和价值。

一、现有投资协定情况

据统计,从2009~2013年,中国平均每年GDP的33%来自外商直接投资的贡献。中国自1982年与瑞典签订第一个BIT开始至2015年12月,共签订了132个BITs(其中生效的有110个)。美国自1982年与巴拿马签署第一个BIT以来至2015年12月,已经总共达成了46个BITs(其中生效的有40个)。虽然1980年中美签订了《中美关于投资保险和投资保证的鼓励投资协议和换文》,但适用范围有限,没有涉及中国对美直接投资问题。

中国与除爱尔兰以外的26个欧盟成员国分别签订双边投资协定,其中

* 上海外国语大学法学院讲师,研究方向为国际法和经济法。

含有国民待遇条款的有 17 个。但这些协定为 21 世纪初重新签订的投资协定所终止(以下简称被取代的协定)。例如,2003 年在与德国重新签订了双边投资协定后,中国又分别于 2005 年 4 月、11 月和 12 月,与芬兰、西班牙和葡萄牙重新签订了双边投资协定。

中欧《贸易与经济合作协定》第 12 条规定,中国与欧盟应当在公平与对等的基础上,扩大在促进和保护投资方面的安排。但该协定仅是一个框架性协定,并未对保护和促进投资流动做出任何具体设计。虽然为中国与这些欧盟成员国的国际投资提供了相对全面和实体性的保护,但从欧盟整体角度看,则缺乏完备性与协调性。

中国与 26 个欧盟成员国分别缔结的双边投资条约,虽然具有相似性,但由于缔约主体、签订时间等不同,协定具体内容如待遇标准、货币兑换、争端解决等条款规定也存在较大的差异。这些差异在实践中必然会给投资者带来很大的困扰。

二、投资准入问题

传统投资协定指投资保护。主要条款涉及外国投资的范围和定义;准入和开业;开业后国民待遇;最惠国待遇;公平和平等待遇;征收后的补偿;资金的自由转移及资本和利润的汇回;国家和国家之间、国家与投资者之间争端解决条款。

我国 BITs 对于国民待遇的适用范围主要是从两方面进行限定的:投资和投资者。只有符合这两个方面的标准,即只有合格投资者的合格投资才能享受国民待遇。

中国商务部颁布的《BIT2010 年模板草案》,包括 18 个条款,投资定义也采用了基于资产并列举资产种类的方式,但与美方不同的是:增加了前置条件,即要求外国投资者必须依照缔约国本国的法律;多出了“金钱请求权或任何其他与投资相关的具有经济价值的履行请求权”以及“法律或法律允许依合同授予的商业特许权,包括勘探、耕作、提炼或开发自然资源的特许权”两项。

中加BIT中的投资定义基本上参照了中方模板草案的内容,但取消了依照本国法律法规作为投资定义前置条件的要求,将"通过资本或资源投入进行经济活动承诺所获得利益"纳入投资口径,但仍不包含"执照、授权、许可证和其他根据国内法所授予的类似权利"。

美国2012年BIT模板采取了基于资产并列举资产种类的投资定义方式,与传统的以企业或商业存在为基础的投资定义和口径有很大的区别。投资是指"投资者直接或间接拥有或控制的具有投资特征的任何资产",其特征包括资本或其他资源的投入、收益或者利润的预期或者对风险的承担。该定义是一种宽口径、全覆盖的资本存量概念,并将协议赋予"涵盖投资"和投资者权利的描述进一步细化,扩大了投资规则所保护的领域与范围。美国在投资定义上的规定更为详细,强调列举所有符合要求的合同种类。在特许权方面,中国将其锁定在法律或法律允许依合同授予的商业特许权方面,而美国则要求根据缔约国国内法授予的类似权利均属于投资内容。

对于自然人投资者的国民标准,有的BITs采用的是国籍标准,有的是住所标准;对于公司等法人投资者,除较常采用的住所地标准和注册地标准之外,有的BITs中采用了管理中心所在地标准和主要营业地标准等。有的国家采用资本控制学说,或在定义条款里利用单独条款扩大投资者的范围,把任何一国投资者拥有实质利益的第三国公司包括在内,可以享受条约规定的国民待遇,如中韩协定(1992年)和中日协定。

我国BITs对于国民待遇具体适用对象——"投资"的规定并不一致,概括起来可分为3类:一是适用于"投资",范围最窄,如中冰协定(1994年);二是适用于"投资"及"与投资有关的业务活动",如中德协定;三是适用于"投资""收益"及其与"投资有关的活动",如中韩协定。

北美自由贸易协定对投资的准入已经延伸到外资准入前,主张资本在全球范围内应自由流动,市场领域应是全方位开放,甚至要求投资者在东道国享有特别待遇,充分保障投资者不受投资管制措施和履行要求的限制。当前,美国特朗普政府要修订该协定,重新进行谈判,方向是倒退,而不是前进。

该协定开启的此轮区域经济一体化化改革,进而带动经济全球化发展,现阶段使始创者感到被异化。

三、投资待遇问题

中国对外签署的BIT对于国民待遇主要有3种处理方式:(1)投资协定中规定没有国民待遇条款,但规定有最惠国待遇条款,如果中国根据其他协定给予第三国投资者国民待遇,那么,这些国家的投资者也可以通过最惠国待遇间接享受到国民待遇;(2)有条件的国民待遇条款,即缔约方给予缔约另一方投资者的投资以国民待遇;(3)在协定中规定国民待遇,并且不使用"依据缔约各方的法律法规"的措辞,但对双方给予的国民待遇做出保留。[1]

有国民待遇条款的BIT,条款内容表述有区别,大致可以分为5种情形:

一是缔约一方应"尽可能"或"尽量"给予缔约另一方投资者国民待遇。如中英投资协定、中冰投资协定。

二是缔约一方应给予另一方投资者国民待遇,如中泰协定。

三是缔约一方根据其法律和法规,为了公共秩序、国家安全或国民经济的正常发展,在实际需要时,给予缔约另一方国民和公司的差别待遇,不应视为低于该缔约一方国民和公司所享受的待遇,在正文中规定国民待遇原则,但在附件中对其加以实质性限制,如2005年生效的中德《关于促进和相互保护投资的协定》第3条,"投资待遇:一、缔约一方的投资者在缔约另一方的境内的投资应始终享受公平与公正的待遇。二、缔约一方应给予缔约另一方投资者在其境内的投资及与投资有关活动不低于其给予本国投资者的投资及与投资有关活动的待遇"。第3条第2款不适用于①任何现存的在其境内维持的不符措施;②这种不符措施的持续;③任何对这种不符措施的修改,但修改不能增加措施的不符程度。中国将采取所有适当的措施逐渐地撤除这些

〔1〕 参见卢进勇、余劲松、齐春生:《国际投资条约与协定新论》,人民出版社2007年版,第257页。

不符合措施。第3条第2款所指的“活动”尤其包括但不限于:一项投资的管理、维持、使用、享有和处分。

“待遇低于”尤其指:限制购买原材料或辅料、能源或燃料、生产设备或操作工具的不平等待遇及其他具有类似效果的措施。因公共安全和秩序、公众健康或道德而采取的措施,不应视为第3条中的“待遇低于”。第3条并不要求缔约一方有将其依照《税法》只给予住所在本国境内的投资者的税收优惠、免税或减税待遇,扩大到住所在缔约另一方境内的投资者的义务。如中日协定及其议定书。

四是中国保证至少按现状给外资国民待遇,不再增加对外资新的限制措施,并承诺今后随着条件的不断成熟,逐步取消对国民待遇的有关限制。如中、日、韩政府《关于促进、便利及保护投资的协定》第3条(国民待遇)规定“一、缔约一方在其领土内给予缔约另一方投资者及其投资的待遇,不得低于其在类似情形下就投资行为给予本国投资者及其投资的待遇。二、前述第一款不适用于各缔约方依据其法律法规制定的、在本协定生效前已经存在的、与本协议不符的任何措施(如有),以及对这些措施的任何修正或修改,但前提条件是修正或修改没有减损相关措施在修正或修改之前与本协定的一致性。对投资给予的待遇一旦承认,在任何情形下都不应低于原始的投资行为做出时给予的待遇。三、如果可行,缔约一方应采取一切适当措施逐步消除本条第二款所指的所有不符措施。注:中华人民共和国确认,本条第二款中所指的该国的措施不应与1988年8月27日在北京签订的《中华人民共和国和日本国关于鼓励和保护相互投资协定》中第三条第二款、该协定议定书第三款不一致。”

五是“缔约一方将对缔约另一方投资者实行国民待遇”。如中韩协议,中国完全接受了对外资实行国民待遇的国际条约义务。

四、新投资协定谈判中的国民待遇问题

目前中国正在进行的投资协定谈判,主要是与美国和欧盟之间。

（一）中美投资协定谈判情况

中美 BIT 谈判于 2008 年第四次中美战略经济对话中正式启动，但刚启动即暂停。因为 2009 年年底美国开始对 2004 年版 BIT 模板进行修订。在敲定新模板前，不会进行实质性谈判，直到 2012 年新模板修订完成。中国一直以来采取“外商产业指导目录”，将允许准入的行业和领域全部列举出来，即所谓正面清单。美国自 1992 年北美自由贸易协定（North American Free Trade Agreement，NAFTA）开始主张投资高度自由化，使用负面清单。[1] 以“负面清单”为基础的投资市场准入方式要求成员方市场应向外国投资者充分开放，除了在它们援用两个国别附录中的任一例外（不符措施）安排而拒绝开放的领域之外。这两个例外安排包括：①当前措施，包括该缔约方关于未来不再收紧有关措施以及实施自由化的承诺；②一国在未来保留完整自由裁量权的措施和政策。其目的在于通过建立一个强大并基于规则的框架以保证一个稳定、可预测的投资环境，同时保护缔约方政府实现合法的公共政策目标。

2013 年中美双边谈判在第五轮中美战略与经济对话期间取得突破性进展，中国同意在准入前国民待遇和负面清单的基础上与美国进行 BIT 谈判，这是美国一直坚持的。随后，中国公布了上海自贸区外资投资管理的负面清单。由此可以看出，中国改革与开放相互促进的互动关系，在其他很多领域都有类似情形。

美国基于 2012 年 BIT 模板与中方进行磋商，但美国此后并没有与任何国家签订新 BITs，只签署了 6 份“贸易与投资框架合作协议”（Trade and Investment Framework Agreement，TIFA），且内容简单，仅一些共识性的承诺，

---

〔1〕 NAFTA 被视为负面清单模式的最典型代表，但其中并没有出现“负面清单”字眼，其所指向的内容在协定中叫“不符措施”（non-conforming measures）。美国此后签订的 BIT 延续了 NAFTA 的结构，但同样没有直接使用“负面清单”这个词，将这些不符措施汇总之后的形式在习惯上被称为负面清单。《友好通商航海条约》中包含了负面清单原则的萌芽，这些条约确定要给予外资国民待遇，只是对于某些行业要有所限制。美国与日本 1953 年签订的《友好通商航海条约》第 7 条规定，缔约方应当给予另一方的国民或企业国民待遇，以在其境内从事商贸、工业、金融和其他商业活动，但公用事业、造船、空运、水运、银行等行业除外，这些便是国民待遇义务的负面清单。

并不像 BITs 那样有针对具体问题的详细规则。美国同卢旺达和乌拉圭等国签订的 BIT 中含有大量的例外条款。中国将是第一个吃"螃蟹"(美国新模板)的国家,挑战可想而知。

2012 年模板包含 37 条,其中延续了 1984 年、1994 年、2004 年模板要求对外商投资进行保护(如禁止非公共目的、非正当程序、无赔偿的征收;税收的国民待遇等),对投资自由化提出了更高的要求。主要条款包括投资定义、投资范围、国民待遇、最惠国待遇、最低标准待遇、征收与补偿、转移、高级管理人员和董事会、投资与环境、投资与劳工、不符措施、特殊手续与信息要求、投资者—东道国争端解决机制。还有有关投资的法律和决定的公布、透明度、不得克减、根本安全、信息披露、金融服务、税收、生效期限和终止、国家争端解决机制等方面。

2014 年年初中美双方首次进入协定文本实质性谈判,同年 7 月就文本主要条款达成一致。在 2014 年 12 月对协定文本进行核对的基础上,2015 年 3 月中美双方最终完成协议文本谈判。从 2015 年 6 月第 19 轮谈判起,双方进入互换负面清单及市场准入出要价谈判阶段。在首次交换的负面清单中,美国约有 20 多项,而中国则有 100 余项。同年 9 月双方再次交换改进后的负面清单。双方于 2016 年 7 月在北京第 26 轮中美 BIT 谈判中,双方就协定文本遗留问题取得积极进展,并就第三轮交换的"负面清单"改进出价进行深入磋商,谈判进程进一步加速。

2017 年 1 月中国发布《关于扩大对外开放积极利用外资若干措施的通知》,提出鼓励外商投资的 20 项措施,其中包括向外商投资开放更多的行业,保障外资企业的公平竞争环境。

(二)负面清单之争

现阶段中美双边投资谈判的主要分歧集中在负面清单的具体列表、法律法规透明度、外汇转移、国有企业竞争中立原则以及投资仲裁等方面。分歧焦点是美国希望中国负面清单进一步缩小范围;中国希望美国安全审查法律法规提高透明度。

1. 负面清单的具体列表

面对美国高昂的要价，中国已经拿出了两份出价，均未达到美方要价。中国发布过两个负面清单：一是《自由贸易试验区外商投资准入特别管理措施(负面清单)》，先后共有3个版本，2013年版和2014年版仅适用于上海自贸区，2015年版适用于上海等4个自贸区，共有122项特别管理措施，其中限制性措施85条，禁止性措施37条。二是2015年3月由国家发改委与商务部共同编制的《市场准入负面清单》，于2016年起在4个自贸区实行，计划2018年在全国适用。它共有328项特别管理措施，其中禁止准入类96项，限制准入类232项。

《外商投资准入负面清单》(2015年)共包括122项限制与禁止管理措施，其中特别管理措施共12类，其具体形式共37种。根据中国"国民经济行业代码"(GB/T 4754—2011)的分类，特别管理措施共涉及14个行业门类、50个条目、1007个小类，较2014年版减少2个行业门类和49个小类，多了一个针对所有行业的"水平限制"(共3条"特别管制措施")。

受限制最多的前5个行业门类依次为农业(40)、制造业(31)、金融业(19)、文体娱乐业(19)、教育(17)。受限制比率(某行业中特别管理措施覆盖的小类数目与该行业小类总数之比)最高的前5个行业门类依次为采矿业(100%)、教育(100%)、农业(66.7%)、金融业(65.5%)、卫生和社会工作(65.2%)。增加了"需要国家批准、进行安全评估""采取许可证和专营制度"和"要求拥有自有品牌、知识产权和已授权的相关发明专利"3项新措施。最高的前5种特别管理措施依次是：股权限制类(12.4%)，禁止投资类(9.7%)，产品、生产环节或业务限制类(6.3%)，须经中国政府批准与安全评估类(3.9%)，审批许可和专营制度类(1.5%)。[1]

2. 美国在TPP中的投资准入负面清单

2016年2月4日签订的跨太平洋伙伴协定(Trans-Pacific Partnership

---

〔1〕 参见盛斌、段然：《TPP协定中的投资规则和中美BIT谈判》，载《国际经济评论》2016年第5期。

Agreement,TPP)作为区域协定,其标准超越 WTO 规则。虽然美国新总统撤销了签署,但其高标准要求在谈判中不可避免地推及中国头上。美国在 TPP 中的负面清单分为附件Ⅰ和附件Ⅱ两部分。附件Ⅰ中罗列针对现有行业所采取的不符措施,而附件Ⅱ中则列明了有权保留或进一步采取不符措施的行业。在负面清单的格式上,要求列明:采取不符措施的行业或部门、不符措施的类型与形式(如国民待遇、业绩要求、高级管理和董事会人员限制等)、适用的政府层级(中央政府或地方政府)以及采取不符措施所依据的本国法律法规。

TPP 投资附件Ⅰ中美国负面清单共涉及能源、资源矿产、商业服务、交通运输、通信、专业服务等行业,采取的不符措施包括:对公司以及相关人员和设备的国籍要求、要求持有相关许可证、股权限制、某些生产服务环节的限制(或禁止)、对董事会和高层管理人员构成的国籍限制、缔约方之间是否存在互利(彼此开放该领域)。对所有特别管理措施都与国内法律法规挂钩,并有详细的描述。

附件Ⅰ中的 13 条限制中,涉及能源行业 1 条、矿产资源 1 条、商业服务及专业服务 3 条、通信业 1 条、交通运输类服务 4 条以及通用于所有行业 3 条。受限程度最高的前 4 个行业依次为:航空运输、陆上运输、采矿、无线电通信。限制措施按使用频率从高到低依次为:对公司以及相关人员和设备的国籍要求(10)、要求持有相关许可证(10)、某些生产服务环节的限制(或禁止)(9)、股权限制(4)、缔约方之间是否存在互利(4)、对董事会和高层管理人员构成的国籍限制(2)。

附件Ⅱ列明了美国有权保留或进一步采取不符措施的行业,目的在于为未来可能出现新兴行业和未知领域内出现的问题预留政策空间。它所包括的主要领域为运输业、通信行业、社会服务、娱乐业和少数民族事务。除了对运输行业和社会服务有较为详细的描述外,对其他行业有权保留或进一步采取不符措施的内容采用了较为模糊的表述方式。

3. TPP 中的规则

TPP 协定中的投资承诺与规则规定在其第九章“投资”中，TPP 第九章“投资”主要是参照美国 2012 年 BIT 模板设置的，共有 29 条，其他一些章节也涉及部分相关投资问题，包括：跨境服务贸易（第十章）、政府采购（第十五章）、竞争政策（第十六章）、国有企业和指定垄断（第十七章）、知识产权（第十八章）、劳工（第十九章）、环境（第二十章）等。

在目标、条款设置与具体内容上，TPP 投资规则与美国 2012 年 BIT 模板（第 37 条）十分相近。两者相似的条款包括：投资定义、投资范围、国民待遇、最惠国待遇、最低标准待遇、征收与补偿、转移、高级管理人员和董事会、投资与环境、投资与劳工、不符措施、特殊手续与信息要求、投资者—东道国争端解决机制。

美国 2012 年 BIT 模板中涵盖但 TPP 中并未包括的条款包括：有关投资的法律和决定的公布、透明度、不得克减、根本安全、信息披露、金融服务、税收、生效期限和终止、国家争端解决机制，但在 TPP 的其他章节则有所涉及，如透明度、金融服务、国家争端解决机制等。TPP 中创新性地出现一些美国 2012 年 BIT 模板中不包括的条款，如代位与企业社会责任（Corporate Social Responsibility，CSR）。

4. 中国最新出价情况

第三份出价的国内征求意见稿于 2017 年 5 月 23 日公布。在国内的名称是“外商投资准入特别管理措施”（外商投资准入负面清单），内容包括 3 个部分：一是统一列出股权要求、高管要求等外商投资准入方面的限制性措施，有 35 项；二是内外资一致的限制性措施以及不属于准入范畴的限制性措施；三是不列入外商投资准入特别管理措施（外商投资准入负面清单），有 27 项。

境外投资者不得作为个体工商户、个人独资企业投资人、农民专业合作社成员，从事经营活动。境外投资者不得从事外商投资准入特别管理措施（外商投资准入负面清单）中的禁止类项目；从事限制类有外资比例要求的项目,不得设立外商投资合伙企业。境内公司、企业或自然人以其在境外合法设立或控制的公司并购与其有关联关系的境内公司,涉及外商投资项目和企业设立及变更事项的,按现行规定办理。鼓励外商投资产业目录与外商投资准入特别管理措施(外商投资准入负面清单)重合的条目,享受鼓励类政策,同时须遵循相关准入规定。

以下对比最新出价与《外商投资准入负面清单》(2015年):

限制与禁止管理措施由122项降至62项,降了近50%,降幅不可谓不大。比如农业[40降为2个,是农作物新品种选育和种子生产(中方控股)和稻谷、小麦、玉米收购、批发,大型农产品批发市场建设、经营]。"荆轮效应"的压力不得不使中国政府更加慎重地制定清单的内容,在一些敏感的行业美国没有让步的迹象,中国面临挑战。

(三)国有企业条款

美国2012年BIT模板规定,协定约束范围适用于国有企业及相关政府行为,国有企业与竞争中立问题成为美国在中美BIT谈判中的重大关切问题。

美国认为,中国政府对国有企业的各类补贴、信贷优惠及其他政策支持构成了对包括外资企业在内的私营企业的"不公正竞争";中国国有企业有时往不以追逐经济利益为第一目标,夹杂实现国家政治利益的动机。美国希望通过相关投资协定条款使中国政府加强对国有企业经营行为的约束与规范。

从本质上说,美国大力推行"国有企业和指定垄断"条款,旨在制约中国对国有经济的扶持,从而削弱中国跨国企业的国际竞争力。美国2012年BIT模板对国有企业的定义标准较为宽泛,除了中央层次外,还将省、市级政府或者主管机关授权非政府主体行使政府职权也纳入规制范围。

其国有企业条款确立的竞争中立规则,主要目的在于消除由政府不当行为造成的资源配置扭曲,限制政府通过本国国有企业扭曲贸易或者阻碍投资,实现私人经营者与国有企业的"竞争中立",获得公平公正的待遇。由

“国有企业与指定垄断”“政府采购”和“竞争政策”3 个部分规定,“国有企业与指定垄断”要求:缔约国确保其国企在进行商业采购和销售时基于商业考虑;其政府不得向国企提供非商业性帮助和支持,比如补贴、融资优惠、政府采购偏好和选择性监管,对其他成员国利益造成不利影响或损害;互相分享各自的国企名单,说明政府对有关国有企业的所有权、控制权和所提供的非商业性援助的范围和程度;确保政府部门在行政许可与监管方面对国企和私营企业一视同仁,例如征用、发放许可证、批准商业交易、发放配额、收费等。

中国草案模板和中加 BIT 并没有约定竞争中立规则,没有提及国有企业问题。中加 BIT 只是在“适用范围”(第 2 条)中要求缔约方在协议中承诺的义务适用于“任何行使缔约方政府委托的监管或行政职权的实体”,这个实体当然包含国有企业。

(四)业绩要求

美国 2012 年模板中规定,禁止对投资者施加业绩要求,详细列举了被禁止使用的具体措施做法。包括与技术有关的若干业绩要求超越了世界贸易组织(World Trade Organization, WTO)“与贸易有关的投资措施”(Agreemention Trade-Related Investment Measures, TRIMs)协定所界定的范畴,还规定了不得以某些业绩要求作为获得或继续获得投资优惠的条件。

TPP 在第十章“跨境服务贸易”中规定,禁止采取针对服务供给的数量限制措施(不论是以数量配额、垄断、专营服务提供者的方式,还是以要求经济需求测试的方式)。禁止要求服务供应商只能通过特定类型的法律实体或合营企业提供服务。服务贸易提供最重要的形式——商业存在与投资紧密相连,这将对谈判产生重要影响。

中国在加入 WTO 时,对外资法律法规进行了修订,废除了出口绩效、当地含量、外汇平衡(或贸易平衡)等与贸易有关的投资措施,以符合 TRIMs 多边规则,2012 年将修订过 TRIMs 纳入中日韩投资协定和中加 BIT 中。但中国的草案模板没有涉及业绩要求与经营限制的内容。

在中美谈判中,美国要求中国全面禁止各种类型的业绩要求与经营限制,其要求的禁止范围要比 TRIMs 更为广泛,覆盖投资的全阶段(准入前和准入后),特别是要求排除与技术转让和政策刺激相关的一切业绩要求。

这与美国 2012 年模板中所规定的"缔约国政府采购不能要求优先考虑或采用本国企业的技术"的原则保持一致。中国目前在适用于全国的外商投资产业指导目录和适用于自贸区的投资准入负面清单中依然保留了一些 TRIMs 覆盖范围以外的业绩限制,特别是关于技术转让或与技术有关的限制措施以及较多数量的针对服务业的各种经营限制,这些将成为中美在 BIT 谈判中的焦点议题。

(五)资金转移

投资保护保障资本自由流动和投资者可将投资收益自由转移或汇回本国。美国 2012 年模板规定,应允许与合格投资有关的所有转移自由、及时地汇入或汇出(包括货币自由兑换),但当出现国际收支失衡或面临系统性金融风险时,可以采取非歧视的暂时性保障措施来限制投资资金转移。

中国草案模板以及新近缔结的 BITs(如中加 BIT)中约定资金转移条款,内容基本上与美国 2012 年模板相同,但增加了"转移必须按照缔约国法律和法规"的规定,要求资金转移须符合中国外汇管理规定,中国对此保留审查权。还规定"当国际收支遇到严重问题或威胁时,缔约方可依国际标准实施特别措施限制投资转移"的例外。

中国已经实现经常项目下的资本自由兑换,但在资本与金融项目下仍实施外汇管制。

(六)国家安全审查制度

美国在国家安全审查制度上存在的巨大不透明性,审查决策带有随意性并缺少清晰的流程和文本说明,这给外国投资者带来巨大的不确定性,中资企业已经吃了不少苦头,例如,华为两次收购 3COM 受阻和中兴被美国以"威胁美国国家通信安全"为由,禁止进入 ICT(信息、通信技术)市场;三一集团的美国风电项目被指"涉嫌威胁国家安全",被勒令无条件退出;中海油收购尼尔科受挫、西色国际收购尤金公司受阻、鞍钢收购美国钢铁公司受调查。

在2014年的第六轮中美战略与经济对话上，美国承诺将提高相关法规程序的透明度，双方承诺继续就审查程序中的概念进行讨论和解释。美国国会通过的外资监管相关法律授予总统和隶属美国财政部的外国在美投资委员会（Committee on Foreign Investment in the United States，CFIUS）自由裁量权（包括“一案一议”）。这是个模糊地带，在跨国投资审查中难以界定和衡量是否威胁国家安全。这是个“哑巴吃黄连——有苦说不出”的问题。

（七）投资者—东道国争端解决机制（Investor-State Dispute Settlement，ISDS）

美国2012年模板ISDS条款作为保障投资者海外利益重要法律工具，被越来越多的国家所接受，并被广泛应用于国际投资协定中。它使投资者个人取代国家成为国际投资争端诉求的主体，赋予了投资者私人通过独立的第三方国际商事仲裁挑战东道国政府的法律权威，不同于WTO国家之间的争端解决机制。

中国草案模板ISDS条款虽然仅有1条，但中加BIT中有14条，投资人在提交国际仲裁申请前须“用尽当地救济”，首先通过国内行政或者司法机关采取补救措施以解决争端。这在一定程度上能够保证外国投资者与本国投资者处于平等的地位，也使中小企业不用担心高昂的国际仲裁费用。而美国则担心这种前置条件将使投资者在争取自身权益的过程中浪费大量的时间和财力，同时由于缺乏国际第三方仲裁，东道国在处理争端时掌握着主动权，往往会做出对外国投资者不公平的裁决。

在中国目前已经签署的132份BITs中，共有87份明确包含ISDS机制，在这些协定中均排除涉及国家主权的税收问题以及将提起国际仲裁的前置条件设定为“用尽当地救济”。

美国的商业团体是推动中美BIT谈判美国国内的主力军，2015年9月习近平主席访美期间，94位美国大企业的CEO联名上书推动中美BIT谈判。《2017年美国企业在华白皮书》一方面指出，鉴于目前美国国内的政治形势等因素,美国企业界的大力支持对 BIT 在美国获得批准至关重要;另一方面提醒中方要想获得美国企业界对 BIT 的支持,需要提出一个比目前更短、限制更少的负面清单。[1]

对比 2017 年版《外商投资准入负面清单》与美国在 TPP 中承诺的投资负面清单的行业或部门分布情况来看,两者主要的差别在于:美国在农业、制造业、批发和零售业、文体娱乐业并未设置不符措施,但在专利相关服务和少数民族事务方面有保留限制。中国在农业、制造业和文体娱乐业中存在较多的特别管理措施,这是中国在实现农业安全、保护民族工业和维护国家意识形态与文化安全方面的战略考虑。中国的限制措施明显体现在资产或投资金额、外资机构形式与数量、经营期限、所有制、自主品牌与知识产权等方面,而美国在此方面均无限制。

五、存在的问题及分析

中国 2017 年版《外商投资准入负面清单》较之以往版本,部门分类更加明确、清晰,政策透明度和市场开放度也有大幅提升。未来中美两国谈判平衡价码应在中方最新出价与 TPP 负面清单的承诺之间达成妥协。中欧之间投资协定的谈判在此基础上也可能加速向前推进。2017 年在这方面可能有大的突破和进展。

放宽行业市场准入门槛以及削减限制性较强的特别管理措施。可以考虑减少具有一定竞争力、市场需求巨大或急需引入外部竞争机制的制造业以及服务业外资准入限制,尝试性地开放不涉及国家政治与文化安全的非敏感性文体娱乐部门,通过国家安全审查机制加以替代。慎用数量型经营限制与所有制限制等争议较大的不符措施。

梳理、整合当前的外资管理法律、规章与条例,使负面清单中的各项特别管理措施有明确的法律依据,提高限制措施使用的合法性、透明度与可操

---

〔1〕 载美中时报:http://www.sinoustimes.com/contents/324/20674.html,最后访问日期:2017 年 4 月 30 日。

作性。

应将负面清单分为现有不符措施和未来保留措施。考虑将新兴部门、存在不确定性以及目前法律尚未完备的行业先列入保留性措施,以预留政策空间,并做灵活机动处理。

国有企业在一些重要的资源行业、制造业和服务业中仍然占有举足轻重的地位,它们同时获得政府的补贴、贷款优惠等特殊政策支持。新推出的许可证和专营制度,虽然允许外资在一些行业通过申请许可后进入经营,但仍会被认为间接巩固国有企业的某种垄断地位。所有制类限制连同许可证和专营制度容易引发国外对国有企业竞争中立问题的争议。这方面的斗争将是持久性的。

最后,应在自有品牌、自主知识产权以及项目设备国产化程度的限制措施上进一步说明动机与目的,否则,易被外国投资者理解为某种技术门槛要求或者采购本地产品的业绩要求,所以换个说法、换个角度,以降低误解。

国家主权视野下的冲突法基本理论

——对萨维尼冲突法思想的检讨与重新审视*

闫卫军**

一、冲突法理论与国家主权原则之间的冲突

随着西罗马帝国的崩溃，民族国家在欧洲不断诞生。这一方面使国际法成为必要；[1]另一方面也使主权的概念得以产生。[2] 伴随20世纪以来民族独立运动的发展，以主权观念为基础的国际法不再是欧洲国家之间的国际法，而成了世界范围内处理国家之间关系的基本规范。然而，当世界被以人口和土地为依据分隔成为不同的主权国家，主权平等的观念成为国际法的基本准则时，现代冲突法学的国际政治和国际公法背景便已产生。一方面，是派生于国家主权的司法权和立法权受到主权的领土和人口范围的限制；另一方面，民商事交往往往又是跨国发生的，进而导致大量跨越国界的民商事法律关系的产生。如果一国国内的法律关系可以由各国的国内司法机关适用本国法律予以调整，那么，对于这些跨国的民商事法律关系当如何调整？毕竟，跨国的民商事交往也需要秩序。实际上，正是这样一对矛盾构成了现代冲突法学的基本逻辑起点。

---

* 上海外国语大学规划基金项目。

** 上海外国语大学法学院教授，研究方向为国际金融法、国际私法。

〔1〕 参见[英]劳特派特修订：《奥本海国际法》（上卷·第1分册），王铁崖、陈体强译，商务印书馆1971年版，第53~59页。

〔2〕 同上书，第98~99页。

根据目前的冲突法理论，对于这种跨国的民商事法律关系主要有两种调整方法，即统一实体法的调整方法和冲突法的调整方法。前者指通过缔结国际条约或承认国际惯例的方法形成规范跨国民商事法律关系的实体法规则，而后者是指由主权国家制定法律选择规范，并由国内的司法机关将根据此种法律选择规范选定的准据法适用于涉外民商事法律关系。〔1〕由于统一实体法形成方式的限制，导致统一实体法的调整范围远不能覆盖所有的跨国民商事法律关系，从而使冲突法的调整方法作为一种次优的选择仍然大行其道。〔2〕

根据冲突法的基本思想，在由国内的司法机构根据冲突规范选择跨国民商事纠纷的准据法时，被选定的准据法通常是与特定跨国法律关系有关的某一国家的国内法，这样便形成一对矛盾：调整对象的跨国性与调整方法（由国内司法机构适用本国或外国的国内法）的国家性之间的矛盾。由此引发的法律问题是，由国内法院根据作为国内法的准据法（这一准据法可能是法院地国家的国内法，也可能是法院地国家以外的其他国家的国内法，即相对于法院地国家的"外国法"）处理跨国民商事法律纠纷，是否与国际法上的国家主权原则构成冲突？这一矛盾从根本上说是现行冲突法理论与国家主权原则之间的冲突，也是近现代冲突法理论中的一个根本问题。

应当说，这一冲突法的基本理论问题应当在这一学科建立之时就已经解决。然而，冲突法的许多理论与实践问题，如当事人挑选法院、识别冲突、外国法查明、判决的承认与执行、法官拒绝援引冲突规范选择法律〔3〕等问题，却让我们不得不对这一问题重新进行审视。

---

〔1〕参见黄进、何其生、萧凯编：《国际私法：案例与资料》（上），法律出版社2004年版，第9～13页。

〔2〕参见黄进主编：《国际私法》，法律出版社1999年版，第19～22页。转引自黄进、何其生、萧凯编：《国际私法：案例与资料》（上），法律出版社2004年版，第9～10页；韩德培、李双元：《应当重视对冲突法的研究》，载《武汉大学学报》（社会科学版）1983年第6期。

〔3〕"法官和律师们由于种种原因，还是有意无意地回避具体案件中的国际私法问题"。参见宋晓：《当代国际私法的实体取向》，武汉大学出版社2004年版，第1～2页。

二、对萨维尼的冲突法思想的检讨

(一)萨维尼的历史地位

由国内(或本地区、本法域)法院处理涉外案件并相互适用法律是从巴托鲁斯以来冲突法学者的一贯思想。首先是后期注释法学派根据《法学大全》(Corpus Juris)关于法律的适用建立在立法者权能的基础上,特别法的适用受到严格的人身和领土的限制的思想,[1]提出人法属人适用,物法和行为法属地适用的"法则区别说"。而在巴托鲁斯之后,达让特莱、胡伯和斯托里均强调法律的属地适用,杜摩林和孟西尼等则强调法律的属人适用。然而,即使是胡伯和斯托里等属地主义者也不完全否认国家之间相互适用法律的必要性。[2]

如果说巴托鲁斯是冲突法的鼻祖,那么,萨维尼则是近代冲突法的鼻祖。正是从萨维尼开始才正式摒弃了法则区别说的桎梏,确立了从分析法律关系的性质入手来解决法律冲突,确定法律的适用的近代冲突法理论体系。[3]以一批美国学者为代表的现代冲突法理论缔造者虽然对萨维尼以降的传统冲突法理论进行了猛烈的批评,然而,其批评主要是针对传统冲突法的法律选择规则的,其提出的新理论也多在法律选择方法及其理论依据上予以改进或创新,而对以冲突法的方法解决法律冲突,调整跨国民商事法律关系这一

[1] 参见李双元:《国际私法(冲突法篇)》,武汉大学出版社1987年版,第74页。

[2] 参见余先予主编:《冲突法》,法律出版社1989年版,第43~55页;丁伟、陈治东编著:《冲突法论》,河海大学出版社1991年版,第19~27页;李双元:《国际私法(冲突法篇)》,武汉大学出版社1987年版,第71~90页。其实,就内国法院适用外国法律与主权原则的冲突而言,属地主义思想与属人主义思想并无本质区别。属地主义是主权的属地优越性的反映,而属人主义则派生于主权的属人优越性。任何单方面强调属人主义或属地主义的做法都无法避免国家主权的属人优越权与属地优越权本身之间的矛盾。对于这一矛盾,无论是孟西尼的"国籍法学说",抑或是胡伯的"国际礼让说",都无法给出令人满意的解决方法。

[3] 参见李双元:《国际私法(冲突法篇)》,武汉大学出版社1987年版,第83~87页。在萨维尼之前,国际私法学者总是拘泥于法律的属地主义与属人主义的讨论,而萨维尼却完全摒弃了这一逻辑,从分析法律关系的性质入手解决法律冲突问题,提出了他的"法律关系本座学说"。参见[法]亨利·巴蒂福尔、保罗·拉加德:《国际私法总论》,陈洪武等译,中国对外翻译出版公司1989年版,第331~335页。

基本思想本身不予质疑。[1] 因此,从某种程度上可以说,现代冲突法从总体上说仍然是萨维尼思想的遗产。对近现代冲突法学的基本理论问题的检讨应当从萨维尼入手。

我国的学术界在论述萨维尼的冲突法思想时大多集中在其"法律关系本座说"上,而对其就适用外国法律的合理性所进行的论述却少有评介。其实萨维尼在提出其"法律关系本座说"时,首先需要解决的问题是,一国的国内法院为什么要适用外国法?国内法院在适用外国法时是否构成与国家主权这一国际法基本原则之间的冲突?

(二)萨维尼冲突法思想与主权原则的调和

在著名的《现代罗马法评论》(第8卷)中,萨维尼在论及法官对涉外案件的法律适用如何做出选择时援引胡伯和斯托里的话说,"许多人试图仅仅用主权独立原则来解决这一问题,并提出如下2个假设:(1)每一个国家只有权要求在自己的管辖范围内承认其自己的法律;(2)任何国家均不得要求在它的管辖范围之外承认它的法律"。[2] "我不仅承认这种主张的正确性,而且甚至认为可以把此种主张扩展到可以想象的最高限度;但是,我相信这对于解决这个问题没有多少帮助"。[3] 萨维尼一方面肯定胡伯和斯托里的观点,认可国家主权原则对适用外国法的限制;另一方面却又说这对于解决问题没有帮助,从而在实质上否定了这种说法。这显然是自相矛盾的。萨维尼的意思似乎是:根据国际法上的主权原则,任何国家的法院都没有义务适用外国法,但我认为应当适用外国法。但问题在于,胡伯和斯托里并不反对一国法院根据

[1] 如卡弗斯的"优先选择原则",柯里的"政府利益分析说",莱弗拉尔的"法律选择五点考虑",里斯的"最密切联系学说"等,均系在法律选择方法上的改进与创新,其对萨维尼以降的冲突法基本思想并不否定。参见韩德培主编:《国际私法新论》,武汉大学出版社2003年版,第51~54页。

[2] 萨维尼在注释中表明这种主张来自胡伯和斯托里。参见[德]弗里德里希·卡尔·冯·萨维尼:《现代罗马法体系(第八卷):法律冲突与法律规则的地域和时间范围》,李双元等译,法律出版社1999年版,第13页。

[3] [德]弗里德里希·卡尔·冯·萨维尼:《现代罗马法体系(第八卷):法律冲突与法律规则的地域和时间范围》,李双元等译,法律出版社1999年版,第13页。

“礼让”原则主动适用别国的法律。[1] 仅从法院在处理涉外案件时可以适用外国法这一角度来看,萨维尼与胡伯、斯托里的观点是完全一致的。

实际上,萨维尼的真实意思是,他反对将主权原则绝对化,从而以适用外国法与主权原则相悖为由反对外国法的适用。“绝对主权原则要求该国的法官只根据本国法律来判决案件,而不管与此相关的外国法的不同规定。然而这种规则无法在任何国家的立法中找到……”[2]原因是,国际关系的发展使人们相信这一原则并不适宜,“世界各国和整个人类的共同利益决定了各国在处理案件时最好采取互惠原则,并坚持本国市民和外国人之间的平等……而且对于存在法律冲突的案件,不管它是在这一国家还是那一国家提起,其判决结果都应该一样”。由此可见,萨维尼认为绝对的主权原则反对在涉外案件中适用外国法,但这样的绝对主权原则“无法在任何国家的立法中找到”。[3] “国际关系的发展”及“世界各国和整个人类的共同利益”要求:一是要平等地对待内外国人;二是要追求不同国家就相同或类似案件判决结果的一致性。只有这样才能创造一个国际民商事交往的法律秩序,从而便利和促进国际民商事交往的发展。[4]

基于这种平等对待内外国人及追求判决结果一致性的需要,萨维尼认为,首先,对于跨国的民商事法律关系应当以统一实体法进行调整。他提出,“在存在国际交往的国家中存在一个跨国性的普通法”[5],这一“跨国性的

---

[1] 胡伯是“国际礼让学说”的提出者,而斯托里则是这一学说的支持者和继承者。参见黄进、何其生、萧凯编:《国际私法:案例与资料》(上),法律出版社2004年版,第49~52页。

[2] [德]弗里德里希·卡尔·冯·萨维尼:《现代罗马法体系(第八卷):法律冲突与法律规则的地域和时间范围》,李双元等译,法律出版社1999年版,第14页。

[3] 同上。

[4] 这种追求公平对待内外国人和判决结果的一致性的价值观正表现了萨维尼的伟大之处。不可否认,在国际私法上一直存在普遍主义—国际主义与特殊主义—国家主义的分野。但在笔者看来,国际私法学的目的,首先在于构建一个跨国民商事交往的法律秩序,而不是所谓保护民族国家的利益。事实上,构建国际民商事交往的法律秩序与各民族国家整体利益是一致的。关于国际私法上的普遍主义与特殊主义之间的论证,参见李双元:《国际私法(冲突法篇)》,武汉大学出版社1987年版,第98~108页。

[5] [德]弗里德里希·卡尔·冯·萨维尼:《现代罗马法体系(第八卷):法律冲突与法律规则的地域和时间范围》,李双元等译,法律出版社1999年版,第14~15页。

普通法”的渊源包括“起源于学者著作和司法判决的共同看法”的“普通习惯法”和“邻国之间的政治条约”[1]；其次，在不存在这样的“跨国性的普通法”的情况下，则根据一定的规则适用外国法。“对于独立国家之间属地法律的冲突，应当与同一国家内特别法的冲突一样”，“根据法律关系（案件）的性质，确定它受制的或所属的法律……这就意味着，内国法院在对许多案件进行判决时，得承认并寻求那些在法的渊源之外的外国法律”。[2] 在萨维尼看来，“在审理与不同独立主权国家具有联系的案件（法律关系）时，法官应适用案件所属的本地法，不管它是法官自己国家的法律，还是外国的法律”。[3] 这样便可以平等地对待内外国的当事人，也可以求得不同国家对同一案件判决的一致性。不同于胡伯和斯托里的“国际礼让学说”，萨维尼认为，根据冲突规则适用法律（包括外国法）应当是一项确定的规则。他说，“不应把这种容许[4]看作是大度和任意的结果，如这样，就会意味着不确定性和临时性。相反，我们应该承认，随着对同一国家内存在特别法冲突的案件的处理，这种法律逐渐发展并完善起来”。[5]

由此可见，萨维尼虽然承认国家主权原则对国内法院适用外国法律跨国纠纷的限制，但又基于平等对待内外国人和求得判决结果一致性的现实需要，从对解决问题有所帮助这一实用主义的逻辑出发，主张不能将主权原则绝对化，认定限制外国法适用的绝对主权原则无法在任何国家的立法中找到。不但如此，萨维尼还认为适用外国法不是基于“礼让”，而是基于一套即将发展并完善起来的确定的冲突法规则。我们不得不承认萨维尼的判断是正确的，经过100多年的发展，各国的冲突法规则确实已经发展并完善起来，

---

[1] ［德］弗里德里希·卡尔·冯·萨维尼：《现代罗马法体系（第八卷）：法律冲突与法律规则的地域和时间范围》，李双元等译，法律出版社1999年版，第16页。

[2] 同上书，第15页。

[3] 同上书，第17页。萨维尼在这里所说的“案件所属的本地法”就是其在该书后文中所说的“本座所在地的法律”，参见同书，第67页。

[4] 指在内国法院容许适用外国法进行判决。

[5] ［德］弗里德里希·卡尔·冯·萨维尼：《现代罗马法体系（第八卷）：法律冲突与法律规则的地域和时间范围》，李双元等译，法律出版社1999年版，第15页。

从而使对涉外案件适用包括外国法在内的法律确实有了法律(国内法)上的依据。但萨维尼的这一冲突法思想也存在重大的理论缺陷。

(三)萨维尼冲突法思想的逻辑缺陷

近年来,随着全球化的发展,人们的主权观念也在发生着深刻的变化。在人类社会的共同利益面前,绝对主权思想已经逐渐地失去其统治地位。[1]然而这并不能证明萨维尼对绝对主权观进行批评的正当性和超前性。

首先,萨维尼并没有在国际法层面谈论适用外国法的规则。萨维尼所说的"逐渐发展并完善起来"的法律显然是指国内法上的冲突规则,因此可以认为在萨维尼看来适用外国法仅仅是以国内法为依据的,而不是国际义务。萨维尼仅绝对主权原则"无法在任何国家的立法中找到"作为适用外国法与国家主权并不冲突的理由,也说明萨维尼仅将其思想局限于国内法层面,而未能在国际法层面展开探讨。在萨维尼看来,国家之间相互适用法律是"国际关系的发展"及"世界各国和整个人类的共同利益"要求"各国在处理案件时最好采取互惠原则"的结果,因而各国相互适用法律其实是立法者基于本国利益或者基于维护稳定的跨国交往的法律秩序的考虑而采取的实用主义态度的体现,并没有国际法上的依据。

其次,作为一位德国学者,萨维尼是站在德国的立场上认为德国法院适用外国法解决跨国民商事纠纷与德国的主权并不冲突,却未能考虑到德国法院所进行的涉外司法活动是否与其他国家的主权构成冲突。萨维尼虽然意识到了通过平等对待内外国人、追求各国法院就同一民商事纠纷判决结果的一致性构造一个跨国民商事交往的法律秩序的必要性,但他实际上并未注意到德国法院所处理的"涉外"民商事法律关系的跨国性与德国司法活动的国内性之间的矛盾,未能考虑到德国法院审理"涉外"案件的司法活动能否得到其他国家的认可的问题。

虽然萨维尼承认冲突法调整对象的跨国性特点,并认为对于跨国的案件

---

〔1〕 在笔者看来,《国际刑事法院规约》《联合国国家及其财产管辖豁免公约》的通过以及WTO法的发展等都是绝对主权观已经失去其地位的具体表现。

首先应当以“跨国性的普通法”即用统一实体法调整。换言之，冲突法的调整方法是次优的选择。然而，萨维尼未能真正从国际法和国家关系的层面探讨由国内法院适用国内法（包括外国的国内法）调整跨国民商事法律关系与国家主权原则之间的矛盾问题，从而使其冲突法思想存在重大的理论缺陷，而这种理论的缺陷正是冲突法诸多理论与实践问题的真正根源。虽然在萨维尼之后从事冲突法研究的学者前赴后继，但冲突法学至今仍然不是一门完善的科学，它在法理上存在固有的、难以克服的矛盾。[1]

三、对冲突法基本理论的重新审视

鉴于奠基于萨维尼的思想的近现代冲突法制度存在重大的理论缺陷，使我们不得不对冲突法理论与国家主权这一国际法原则之间的关系进行重新审视。

（一）冲突法调整对象的跨国性决定了国内法院适用国内法进行规制的不适当性

主权是国家的根本属性，是国家独立自主地处理自己的内外事务的最高权力[2]，因此在一个国家，司法权与立法权均派生于主权，具有明显的国家属性[3]。派生于国家主权的立法权受到主权的地域和人口范围的限制，而派生于同一主权的司法权也应当受到同样的限制。[4] 这种限制不仅表现为一国的司法活动只能局限于本国的地域范围和人口范围之内，而且表现为它

〔1〕 国际私法（冲突法）学的这种理论缺陷集中地表现在它只能提供“临床治疗”作用，不能提供预见性和指导性这一点上，对此，参见韩德培、李双元：《应该重视对冲突法的研究》，载《武汉大学学报》（社会科学版）1983年第6期。

〔2〕 参见周鲠生：《国际法》，商务印书馆1981年版，第75页。

〔3〕 参见［澳］凯尔森：《法与国家的一般理论》，沈宗灵译，中国大百科全书出版社1996年版，第283～284页。

〔4〕 国家具有属地优越权和属人优越权，前者是指国家对其领土内的一切人和物行使最高权威的权利，后者是指国家对于国内外的本国人民行使最高权威的权利。参见［英］劳特派特修订：《奥本海国际法》（上卷·第1分册），王铁崖、陈体强译，商务印书馆1971年版，第216～224页；关于国内法律秩序的属地效力范围和属人效力范围，参见［澳］凯尔森：《法与国家的一般理论》，沈宗灵译，中国大百科全书出版社1996年版，第234～235页、第260～266页。

必须以适用本国法律为天职[1]。如果说法律是主权者的命令[2],那么,同样是根据主权者的命令成立的一国的法院为什么要执行别的主权者的命令?如果说法律是统治阶级意志的反映[3],那么,作为国家机器一部分的一个国家的法院为什么要维护别国统治阶级的意志?岂不知,立法者的权威和法院的权威均是以一国的主权为依据的,是主权的派生物。因此,司法权与立法权二者是相互对应的、统一的。任何法律体系都有其相对应的司法体系,而任何司法体系就其本质而言是为特定的法律体系存在的。实际上,司法体系不但与法律体系相对应,它甚至就是一个法律体系自身的组成部分。

有学者指出,如果行使管辖权的国家愿意放弃其主权并以其本国的国内法(冲突法)为依据适用外国法,而被适用法律所属国也未对此提出异议,便不存在适用外国法侵犯本国或准据法所属国主权的问题。然而,一个稳定的跨国民商事法律秩序的建立绝非仅通过法院所在地国家与准据法所属国之间的协调就可以完成的,更何况即使准据法所属国通常也不会承认一个外国法院适用本国法律所做出的判决。换言之,法院所属国所进行的这种司法活动(包括依照其本国法律行使管辖权和适用法律)难以得到包括准据法所属国在内的其他国家的认可。这既是对法院地国家对跨国案件行使管辖权的否定,也是对其适用法律(无论是本国法还是他国法)的否定。因为基于这种法律关系的跨国性,在相关国家无法就此达成一致的情况下,将其委身于任何国家国内的立法权和司法权,都是不合理的。它意味着在国际关系中国家主权将会超越其地域与人口范围的限制,进而影响其他国家的主权与独

〔1〕 凯尔森认为,“通常,一个国家的适用法律机关,尤其是法院(但并不只是法院),在法律上只应适用国内法律秩序的规范,这就是说,它们是机关所属国家的法律”。但他认为,作为一种例外,一个国家的法院也可以根据本国的冲突规范适用外国的法律,但“这种‘参照’的做法不过是一种省略的立法而已”。参见[澳]凯尔森:《法与国家的一般理论》,沈宗灵译,中国大百科全书出版社1996年版,第271~272页。

〔2〕 奥斯汀认为法律是主权者的命令。参见[澳]维拉曼特:《法律引导》,张智仁、周伟文译,上海人民出版社2003年版,第179页。

〔3〕 马克思主义法学家认为法是一种统治阶级公开地、不加掩饰地用以谋取自身利益的手段。参见[澳]维拉曼特:《法律引导》,张智仁、周伟文译,上海人民出版社2003年版,第190~191页。马克思主义法学和奥斯汀法律观的共同之处在与它们都承认法律的国家属性。

立。而这种主权之间的矛盾与冲突，最终会影响这一法律秩序本身的稳定。这正是冲突法制度缺陷的症结之一。

（二）仅具有“临床治疗”作用的冲突法制度无助于跨国民商事法律秩序的构建

在笔者看来，司法活动的本质和目的，一在于裁决纠纷；二在于维护法律的权威。通过裁决纠纷和维护法律的权威，最终建立一个法律的秩序。〔1〕而法律规则的运行、法律秩序的建立和法律权威的维护都离不开以法院为核心而开展的司法活动，离不开与立法权一样派生于国家主权的司法权。然而，依据冲突法理论就跨过民商事案件所进行的司法活动却难以发挥构建跨国民商事交往的法律秩序的作用。

一方面，虽然正是因为冲突法的理论认为在一个调整跨国民商事法律关系的统一的跨国法律制度缺失的情况下应当适用国内法进行裁决，才导致了适用外国法的冲突法制度的产生〔2〕。然而，无论最终适用的是何国法律，由于各国法律适用规则（冲突规则）的不一致和管辖权本身的不确定性，就一个特定的跨国民商事法律关系而言，必然产生适用法律的不确定性和判决结果的不确定性，而判决结果的不确定性意味着法律规则没有预见性，从而也就无法建立一个稳定的跨国交往的法律秩序〔3〕。另一方面，由各国国内法院解决涉外纠纷，虽然使当事人获得了解决纠纷的途径，在一定程度上维持了社会的安定，但在国际社会无法就管辖权的分配达成协议的情况下，借用

〔1〕 参见喻中：《关于司法权本质特征的一种认知》，载《四川大学学报》2004年第4期；［澳］凯尔森：《法与国家的一般理论》，沈宗灵译，中国大百科全书出版社1996年版，第303～304页。

〔2〕 萨维尼在《现代罗马法体系（第八卷）：法律冲突与法律规则的地域和时间范围》首先得出“内国法院在对许多案件进行判决时，得承认并寻求那些在法的渊源之外的外国法律”的结论，然后才在此基础上提出了其“法律关系本座学说”。可以说，没有适用外国法的理论，就没有关于如何确定准据法的法律选择规则。前者是后者的前提条件。

〔3〕 虽然萨维尼试图通过其“法律关系本座学说”统一世界各国，特别是欧洲各国的法律适用规则，而且“政府利益分析说”“最密切联系说”等学说进一步丰富和发展了萨维尼的这一思想，但至今为止，由于各国在法律制度上的根本性差异，就连在冲突规范的“范围”的确定上都无法统一，更不用说在“联结点”的确定上的统一了。

国内司法体制处理跨国纠纷的结果:一是各国各自制定管辖权规则[1],加之各国法律选择规则的不一致性,从而为当事人挑选法院创造了条件[2],最终带来判决结果的不确定性;二是一国法院作出的判决,通常不能得到其他国家的承认和执行,仅在本国境内有效。这不仅不利于纠纷的最终解决,而且也不利于跨国交往的法律秩序的维系。

正因如此,韩德培教授曾提出冲突法仅具有"临床治疗"作用,而不能用以建立和强化一个确定的法律秩序。然而笔者的疑问是,既然冲突法本身只能提供临床治疗的作用,那么冲突法学研究的目的和意义何在?如果说就一个特定的法律关系而言适用不同的法律可能会给当事人带来不同的判决结果,那么,就一种抽象的法律关系而言适用甲国的法律和适用乙国的法律又有什么区别呢?进而构成冲突法的法律选择规范的意义何在?因此,如果不是为了创造一个稳定的跨国民商事交往的法律秩序,而仅是为了提供一个不具有一贯性的纠纷解决途径,显然我们并不需要一个复杂的冲突法体系。

由此引出另一个法律问题:冲突法制度在跨国民商事法律秩序的创造和维系上究竟能发挥多大的作用?换言之,如果说存在一个跨国民商事交往的法律秩序,那么,该秩序在多大程度上是建立在冲突法制度之上的?或者说冲突法制度对这一秩序的贡献究竟有多大?在笔者看来,国际民商事交往的法律秩序,首先是建立在以国际条约和国际惯例为渊源的国际统一实体法的基础之上的,在国际商事交往中这些国际统一实体法不但广为应用,而且能够为参与国际民商事交往的当事人提供良好的预见性。其次则是建立在那些各国法律的共同原则的基础之上的。虽然每个国家的法律各异,但由于人类的某些共同价值和秉性的存在,使各国的法律在千差万别的同时也有某些共同之处,如各国均承认约定必须遵守的原则,各国均有婚姻与继承制度,各

[1] 黄进教授在《国际私法》一书中详细地分析了国际民事案件管辖权冲突产生的原因。参见黄进主编:《国际私法》,法律出版社 1999 年版,第 902~906 页,转引自黄进、何其生、萧凯编:《国际私法:案例与资料》(下),法律出版社 2004 年版,第 1390~1391 页。

[2] 参见韩德培主编:《国际私法新论》,武汉大学出版社 2003 年版,第 29 页。

国均承认和保护私有财产制度等,这些共同的价值观念和共同的法律制度是跨国交往的法律秩序得以存在的另一重要原因。[1] 商人们之所以不愿轻易地违反合同,就是因为无论争议起诉到哪个国家的法院,适用哪个国家的法律作为准据法,法院都会按照“契约必须遵守”这一共同的法律原则要求违约方实际履行合同或承担赔偿责任,除非合同被认定为无效。而冲突法制度由于其不能提供稳定性和预见性而对国际民商事交往的法律秩序的建立与维系没有太大意义。

如此看来,萨维尼调和国家主权与冲突法制度间矛盾的努力并不成功,他关于由内国法院适用外国法律处理跨国纠纷的冲突法思想存在无法克服的理论缺陷。在主权国家之间未能就跨国民商事案件的法律适用规则、管辖权规则进行协调并达成协议,或者未能就相互承认与执行法院判决做出协议的情况下,冲突法制度注定不能为跨国民商事交往的法律秩序的建立和维系提供帮助。而任何此类协议的达成从根本上讲都是向国家主权原则做出的妥协,是主权者相互之间的矛盾的调和。换言之,由内国法院适用外国法调整跨国民商事交往的法律关系也许是可能的,但仅以各国就此达成一致并缔结条约为前提。然而,虽然国际社会为冲突规则的统一、民商事案件管辖权的协调及涉外判决的相互承认与执行进行了不懈的努力,但收效甚微,至今未能形成一个范围广泛并广为接受的国际公约。[2]

四、结论与出路:加强主权国家之间的协调

奠基于萨维尼思想的冲突法制度在理论上存在固有的、难以克服的缺陷。就建立和维系一个跨国民商事交往的法律秩序而言,冲突法制度是没有

〔1〕 在许多学者看来,各国法律的某些共同之处构成一般法律原则,也是国际私法的渊源之一。参见黄进主编:《国际私法》,法律出版社 1999 年版,第 88~89 页,转引自黄进、何其生、萧凯编:《国际私法:案例与资料》(上),法律出版社 2004 年版,第 45~46 页。

〔2〕 关于冲突法的统一运动及其成就,参见韩德培主编《国际私法新论》,武汉大学出版社 2003 年版,第 29~33 页;关于跨国民商事案件诉讼管辖权方面的努力与成就,参见该书第 456~457 页;关于外国法院判决的相互承认与执行方面的努力与成就,参见该书第 489 页。

意义的。而其中的原因在于现行的冲突法制度未能调和国内法院的涉外司法活动与国家主权原则之间的矛盾。

那么,在没有统一实体法存在的领域,如何建立并维系一个跨国民商事交往的法律秩序呢?鉴于跨国民商事交往的法律秩序与国家主权之间的矛盾性,冲突法最终涉及国家之间对立法管辖权和司法管辖权的分配,涉及国家之间相互承认和执行判决,共同创立和维系国际民商事交往的法律秩序等问题,因此从根本上说它是一个国际公法的问题。笔者认为,任何形式的此种秩序的建立最终都离不开主权国家之间的协调。而没有这种协调的跨国民商事交往的法律秩序从根本上说是不可能的。显然,一个完全建立在主权协调基础之上的跨国民商事交往的法律秩序是不现实的,但"拒绝世界主义的幻想并不就是意味着顺从世界的无序"〔1〕,至少我们需要一个更为积极的态度。

萨维尼在其《现代罗马法体系》(第8卷)的前言中说,"与其他理论相比较,本书所提出的理论尚处于发展之中,尚不完备,也未终结。这不应被理解为纯属作者本人谦虚,我感到力不从心,无法解决这一领域的问题"〔2〕。这也正是笔者的感受,对于如何在没有统一实体法的领域建立和维系跨国民商事交往的法律秩序,除了提倡人类应该以更为积极的态度协调主权者之间的矛盾外,我感到无以应对。

〔1〕[法]米海依尔·戴尔玛斯-马蒂:《世界法的三个挑战》,罗结珍等译,法律出版社2001年版,第158页。

〔2〕[德]弗里德里希·卡尔·冯·萨维尼:《现代罗马法体系(第八卷):法律冲突与法律规则的地域和时间范围》,李双元等译,法律出版社1999年版,第1页。

合同解释之普通法

——方法、演进及趋势

廖志雄*

一、引言——合同解释的目标任务和面对的问题

我们从涉及合同解释的一个具体案例着手，观察合同解释的任务和需要面对的主要问题。这是一个发生在新西兰的天然气供应合同纠纷。[1] 维克多燃气公司(Vector Gas Ltd.)以多个往来电子邮件的方式，与丰盛湾能源公司(Bay of Plenty Energy Ltd.)达成合同，约定以“每兆焦耳6.50新西兰元”的价格向后者供应天然气。供应一段时间之后，双方就该价格是仅仅天然气本身的价格(天然气的“裸体”价格)还是包括了输送费用的“到户”价格发生争议。而合同本身并没有说明究竟“每兆焦耳6.50新西兰元”是裸体价格还是到户价格。依照两个不同含义的价格计算，已经供应的天然气合同差价达到326万新西兰元。为此，双方把官司一直打到了新西兰最高法院。

上述案例涉及某一关键合同条款的含义问题，即究竟合同所述的天然气价格是否包括输送费用。这个看似简单的案例，涉及非常重要的法律问题，即法官要遵循怎样的法律规则来解释合同或合同条款，这些法律规则应该如何设计。据观察，在现实民事活动中，许多合同纠纷是由当事人对合同或合

* 新西兰怀卡托大学法学院讲师，研究方向为合同法、商业法、土地法。

〔1〕 *Vector Gas Ltd. v. Bay of Plenty Energy Ltd.* [2010] 2 NZLR 444 (SC).

同条款内容解释的分歧引起的;诉讼到法院的合同纠纷案件中,很大一部分是关于合同或合同条款含义争议的。由此可见,合理得当的合同解释法律规则,无论是对于合同法理论还是司法实践,都非常重要。

然而,令人遗憾的是,对于应当遵循怎样的法律规则来解释合同,在理论、立法和司法的层面上都存在极大争议,面临困境。为此,本文首先通过对上述案例所需要解决的重要法律问题展开论述,然后简要述评合同解释的法律规则的普通法演进,从而揭示合同解释的普通法发展趋势以及可供借鉴之处。

合同解释的目标或任务,是要寻求合同各方的"合意",即缔结合同时各方的共同意愿。问题在于,"合意"需要经由语言文字来表达,如果表述双方"合意"的语言文字,表达出来的效果,偏离了双方内在的真实意愿,那么,在合同解释的时候,是以外在表达的效果为准,还是以内在的实际意图为准?换言之,法院的任务,是探求合同当事人"合意"的外在意思表示的通常语义,还是当事人缔结合同时期待达成的"合意"本身?如果以探究当事人缔结合同时的内在"合意"为首要,那么,内在的合意通过什么来证明,除了合同文本(就书面合同而言)之外,其他的外部证据是否应当采纳?如果外部证据可以被采纳,应当遵循怎样的规则?在合同文本本身没有歧义或者外部证据与合同文本冲突的情况下,是否仍可被采纳?这些就是合同解释所要面临的主要问题。

二、合同解释的客观主义

依照通常的理解,普通法系合同解释遵循所谓的客观主义,即主张依照合同用语表达出来的效果来确定一项既存合同的内容。合同解释仅仅是探求合同表述所使用语句和词汇的通常含义,从而确定当事人在合同中已经客观表达出来的意图。法官的任务,是要回答"合同当事人(在合同中)所说的究竟是什么意思"而非"他们想说什么",并且假定"合同当事人想说他们已经说了的”。[1] 与此相联系,其一般规则是,“外部证据不能被接纳用来解释书面合同;依据合同解释的原则,合同当事人的意图必须从他们(在合同中已经)使用的字句中探求”。[2] 实行严格客观主义的结果是,合同的解释被局限在合同(文本)之内,合同之外的证据(包括合同磋商过程及合同订立之前、之中和之后的陈述和行为)都不能在合同解释中被接纳。这一规则存在有限的例外,即如果涉及的文件年代久远,合同订立之时或之后的行为可能被接纳用以解释某些(作成文件时的)含义已经过时的语汇;关于合同环境的证据、用以解释专门技术表述的证据、用以确定合同标的(目的)的证据,或为了解决明显歧义[3]的证据,可以被法院接纳用以解释合同。[4] 客观主义往往也被称为文本主义或者形式主义。当然,客观主义或者文本主义并不意味着合同必须以书面文本方式缔结。除非法律有特别的要求,当事人可以以书面、口头或者书面与口头混合的方式缔结合同。客观主义也并不意味着合同的内容限于合同中明示表述的内容,对于书面合同而言,也并非仅仅限于记录合同条款的合同文本本身。合同的内容还可以包括默示条款或隐含条款(implied terms),例如适用于该合同的普遍认可的商业惯例(practice and usage)、依照法律而隐含的条款[5]、法庭根据某一类合同的共同特性而推定存在的默示条款[6]以及在某一特定合同中根据对明示条款的解释以及为使

---

〔1〕 *Schuler (L) AG v. Wickman Machine Tools Sales Ltd.* [1974] AC 235 (HL), Lord Simon at 263。

〔2〕 Ibid. ,Lord Wilberforce at 231.

〔3〕 歧义仅指一个词语有两个或以上的合理语义学上的解释,不等同于解释上的困难,即使困难到了法官对于某一词语的含义有不同的法律意见。参见 *Schuler (L) AG v. Wickman Machine Tools Sales Ltd.* [1974] AC 235 (HL), Lord Simon at 263.

〔4〕 *Schuler (L) AG v. Wickman Machine Tools Sales Ltd.* [1974] AC 235 (HL), Lord Simon at 263.

〔5〕 例如,在货物买卖合同中,如果当事人没有明示提到卖方是否拥有所有权或者出卖货物的权利,一个依照法律默示(隐含)的条款,就是卖方承诺其有权销售该货物。参见我国《合同法》第132条,英国《货物销售法》第12条第1款,新西兰《1908年货物销售法》第14条第(a)款。

〔6〕 例如,在一个没有提到建筑标准的住房建设合同中,法庭通常会推定该合同存在一个默示条款,即该住房建设应当符合建筑规范的要求并且在建设完成以后适合人类居住。

合同有实际意义所必须引入的默示条款[1]等。默示条款依照怎样的法律规则引入,是与合同解释相关但又不同的问题,本文不展开讨论。依照客观主义,对合同条款包括默示条款,都依照合同(文本)的通常语文含义来解释;合同的内容,依照一个虚拟的抽象的"理性的人"(reasonable person)(而非当事人)对合同(文本)的理解来确定。

三、合同解释的普通法演进

普通法的合同解释法律规则经历了一个漫长的演进过程。在此过程中,一系列重要的法律概念和规则得以发展和演进。

1. 口头证据规则

其中一个极其重要的传统规则为"口头证据规则"(parole evidence rule)。根据该规则,如果合同是以书面方式缔结的,合同的解释限于合同文本的"四角"(four corners)之内,任何合同文本之外特别是可能导致书面合同内容被改变或增加的证据都不被法庭接纳。传统上,普通法系的法官是受到该规则的严格约束的。显然,该规则是严格客观主义理念在司法实践中的反映。

然而,随着合同法的发展,这一古老的规则逐渐有所松动。法官们逐步发展出一些"例外"来绕开这一规则的束缚。首先,如果合同条款的某一用语可能存在歧义,用以证明歧义词语的含义及用法的证据,包括口头证据可以被接纳。[2] 还有4个其他例外,其中第一个叫"更正"(rectification),即如

---

〔1〕 例如,在"慕尔库克号(The Moorcock)一案"中,码头公司与慕尔库克号船主达成协议,允许慕尔库克号船在其码头的某一个泊位卸货。双方同意,卸货时船只应当是泰晤士河的低潮期并且船底将着地于泊位下面的淤泥中。然而,为双方所不知悉的是,淤泥之下存在暗藏的硬脊。在卸货时,船底坐落到了淤泥下的硬脊并因此受到严重损坏。英国上诉法院认定,为了使该合同有商业意义,合同当事人应该已经在缔结合同时默示同意了这样一个条款,即码头公司已经采取了合理的必要措施查核该船只是否能在该泊位安全搁浅于淤泥。法院据此判决码头公司违反了这一"必要的"默示条款。参见 *The Moorcock* (1889) 14 PD 64, [1886-90] All ER 530。

〔2〕 这一点,至少可以从美国法院在"*Frigaliment Importing Co. v. BNS International Sales Corp* 22 Ill. 190 F. Supp. 116 (S. D. N. Y 1960)"一案的判决中得到确认。

果证据显示在书面合同之前已经存在一个口头合同，书面合同只是对已经达成的口头的记录，并且该口头合同没有被书面合同正确记录，那么该证据就可以被接纳，当事人可以要求法院更正该书面合同以使其正确反映之前已经达成的口头合同的内容。第二个可以称为“商业惯例”（custom/practice or trade usage）例外，即意在证明合同所涉及事务的商业惯例或合同所提及的语词惯常用法的证据可以被接纳。这样，合同的内容就不再被局限在合同文本的“四角”之内了。[1] 第三个例外可以称作“合同生效前置条件”例外，即如果在书面合同之外，合同当事人约定（包括口头约定）该合同依一定条件而生效，则证明该等生效前置条件及其存在的证据可以被法院接纳。还有一个可称为“非完整合同”例外，即意在证明书面合同文本本身并非当事人之间的合同的全部（当事人达成的合同包括书面部分和口头部分）的证据可以被接纳。[2]

我们可以观察到，上述例外中，书面合同内容因为外部证据的引入而被变更或增加的可能性是不断增加的。特别是“非完整合同”例外，在很大程度上敞开了外部证据包括口头证据被接纳的大门，因为合同当事人非常可能通过主张书面合同文本并非整个合同的全部而要求法院接纳外部证据。如果该例外不受限制，则书面合同内容因外部证据引入而被变更或增加的可能性大大增加，从而严重侵蚀口头证据规则的适用范围，背离合同解释的客观主义理念。为此，普通法又发展出一系列的规则，限制该例外的适用。比如，书面合同文本越符合完整合同的特征（特别是当文本包含了诸如“该文本为合同的全部”这样的表述时），“非完整合同”例外的主张越难以得到法庭的支持。又如，如果书面合同经过专业人士起草并且被某一行业广泛使用，如保险合同，主张“非完整合同”例外也将很困难。如果当事人举证的口头合同内容直接与书面合同文本相矛盾，该等证据不应被法庭接纳。但是，近期

---

〔1〕 这与前述的关于依照惯例引入合同默示条款有密切关系。

〔2〕 该4个例外的概括，参见 John Burrows, Jeremy Finn and Stephen Todd, *Law of Contract in New Zealand* (5th ed., Wellington, LexisNexis, 2016) p. 173。

的判例[1]表明,普通法法院已经对与书面合同文本不一致甚至相矛盾的口头证据都采取了更为宽容和开放的接纳态度。

2. 平常含义规则与环境证据

普通法关于合同解释的另一个重要规则是"平常(直白)含义规则"(plain meaning rule)。这一规则与一些普通法法官逐步对合同的环境证据开始持开放态度有关。自20世纪70年代初起,一些普通法系的法官已经注意到了合同不是在真空中产生的,因而合同内容的解释不可避免要考虑合同订立的目的和背景、对交易起源的了解,以及当时市场环境等环境证据。[2] 显然,对环境证据的接纳使得合同解释不再限于探寻对合同(文本)用语的通常字面含义,这引起了对合同解释主观化以及由此带来的不确定性的担忧,因而对环境证据的接纳必须进行严格限定。为此,在20世纪90年代初期到中期,很多普通法法官坚持,环境证据的接纳必须从属于"平常含义"规则,即如果书面合同的用语已经清晰并不存在歧义(所涉及的用语不存在两种或两种以上合理含义解释),环境证据不得被接纳来证明不同于该清晰含义的订约意图;只有当合同文本用语存在含糊不清或存在歧义时,环境证据才能被接纳。[3] 这种对客观主义的回归曾得到作为诸多英联邦法域终审法院的英国枢密院(Privy Council)的支持。[4]

20世纪末开始,情况又发生了变化。越来越多的法官和学者注意到,很多情形下,合同(文本)某一用语的所谓平常含义,如经进一步探究,往往被证明并非如此。语言本身具有内在的不确定性,很少词汇具有固定的唯一的

[1] 如 *AM Bisley & Co. Ltd. v. Thompson* [1982] 2 NZLR 696 (CA); *Krukziener v. Hanover Finance Ltd.* [2008] NZCA 187, [2010] NZAR 307。

[2] 例如,在"*Prenn v. Simmonds* [1971] 1 WLR 1381"一案中,威尔伯福斯大法官就提到了这一点。其后在"*Reardon Smith Line Ltd. v. Yngvar Hansen-Tangen* [1976] 1 *WLR* 989"一案对此展开了论述。

[3] 例如,*Benjamin Developments Ltd. v. Robt Jones (Pacific) Ltd.* [1994] 3 NZLR 189 (CA); *Codelfa Construction Ptd Ltd. v. State Rail Authority (NSW)* (1982) 149 CLR 337。

[4] 这一点,可以从枢密院的几个判决中观察到,如 *Melanesian Mission Trust Board v. Australian Mutual Provident Society* [1997] 1 NZLR 391 (PC); *Lim v. McLean* [1997] 1 NZLR 641。

含义,词语的确切含义只能在特定的语言环境中才能被正确理解,所以即使强调合同"只能客观地解释",合同的解释也"不能够忽略合同的环境和目的"。[1] 由此,普通法法官对环境证据的态度再度变得宽容起来,不再执着于合同语言的字面含义本身来解释合同,而转而接纳更为符合常理的考虑合同目的及背景的解释方法。1998 年在"投资者补偿计划有限公司诉西布伦斯维克建筑协会一案"[2] 的判决中,英国大法官霍夫曼(Lord Hoffmann)对合同解释的普通法规则做了较为完整的归纳,被众多普通法系法官广泛引用和接纳,应当算是迄今为止对普通法关于合同解释的现行法律规则的最为经典的表述。霍夫曼大法官的表述要点是[3]:(1)合同解释是发掘合同文本传递给一个了解当事人在订立合同时理应可以了解到的所有背景的理性的人(reasonable person)的含义。(2)这些背景理应为当事人(在订立合同时)可以了解到的,当然包括可能影响一个理性的人如何解读合同文本用语的任何事物。当然,存在以下提到的例外。(3)法律将当事人合同前的磋商(previous negotiations)以及他们主观意图的声明(declaration of subjective intent)排除在可接纳的背景证据之外。但是,它们只有在寻求合同更正(rectification)时可以被接纳。法律如此区分是出于现实的正常考量,毕竟对合同作法律上的解释不同于我们对日常生活表达的解释。这个例外的边界在某些方面还不清晰。(4)文本或者其他任何表达传递给一个理性的人的含义,与其所用词语的含义不是同一样东西。词语的含义是词典和语法的问题;而文本的含义则是当事人在特定背景之下使用这些词语从而为一个理性的人所应当理解到的东西。背景可能不仅让理性的人在有歧义词语的各个可能含义之间做选择,还可能使理性的人得出结论,当事人肯定因为某种原因使用了错误的词汇或语义。(5)词语应当被赋予他们"自然而且平常的含

---

〔1〕 *Quainoo v. NZ Breweries Ltd.* [1991] 1 NZLR 161 (CA) at 165; Yoshimoto v. Cantebury Golf International Ltd. [2001] 1 NZLR 523 (CA) at 543.

〔2〕 *Investors Compensation Scheme Ltd. West Brunswick Building Society* [1998] 1 WLR 896.

〔3〕 参见上案"[1998] 1 WLR 896",第 912 ~ 913 页。

义"这一"规则",反映了这样一个常识性的立场,即我们不轻易接受人们发生了语言错误,特别是在正式的文书之中。然而,如果从背景中真的发现发生了语言错误,法律并不要求法官强加给合同当事人一个显然他们未曾有过的意图。霍夫曼引用蒂普洛克大法官(Lord Diplock)在另一个案件中的判词,"如果对商业合同词语详细的词义学和语义学分析将导致对商业常识的完全蔑视,那么这个分析必须让位于商业常识"。[1]

此后,普通法法院普遍对合同的环境证据采取开放得多的态度。但是,对于是否在任何情况下合同解释法庭都可以接纳合同环境证据,以及对于什么是合同的"背景"(background)还存在争议。特别是合同前磋商和合同缔结后当事人的行为是否应当作为环境证据被接纳,争议很大。在上述霍夫曼大法官的经典表述中,合同前磋商是被排斥在合同背景证据之外的。

美国《合同法重述(二)》第202条规定,合同用语应在其全部的环境(all the circumstances)中解释。并且,合同当事人的目的,在可以得到确定的情况下,应当在合同解释中给予重要的考量(given great weight)。[2] 该条所提到的"全部的环境",应当包括了合同前磋商以及合同后行为等方面。其实,即使在"客观主义"盛行的时代,美国一些法院已经接纳各种合同外证据包括合同前磋商来解释合同。[3]

2010年上述问题得到了明确回答。在本文开头提到的"维克多燃气公司诉丰盛湾能源公司一案"[4]中,新西兰最高法院判决各种相关的证据包括

---

〔1〕 *Antaios Cia Naviera SA v. Salen Rederierna AB*, *The Antaios* [1984] 3 All ER 229 at 233, [1985] AC 191 at 201.

〔2〕 Restatement (Second) of Contract, 第202条第1款。

〔3〕 例如,在"*Frigaliment Importing Co v. BNS International Sales Corp* 22 Ill. 190 F. Supp. 116 (S. D. N. Y 1960)"一案中,争议的焦点是合同所述的"chicken"究竟是指所有符合重量标准的"chicken",还是仅仅限于买方所理解的"young chickens"。纽约地方法院指出,在确定合同条款的含义时,法院会以其重要性为顺序考虑:(1)合同的用语;(2)合同前磋商;(3)商业惯常用法;(4)法定标准;(5)合同履行的情况;以及(6)法律原理(法谚)。

〔4〕 *Vector Gas Ltd. v. Bay of Plenty Energy Ltd.* [2010] 2 NZLR 444 (SC).

合同前磋商的证据都可以在合同解释中被法庭接纳。[1] 5位最高法院的法官,从不同的角度讨论了有关合同解释的各种法律规则,或许在很大程度上代表了普通法系在合同解释法律规则方面的最新发展。

四、合同解释的普通法趋势

正如前文对普通法系合同解释规则的论述所显示的,普通法法官已经不再执着于对合同用语作字面含义解释,而对表明合同当事人真实意图(或者说合同使用了错误的语汇)的证据的接纳采取了非常开放的态度。正如英国最高法院霍夫曼大法官所指出,就商业合同而言,对于合同环境证据可接纳性的限制"已经被静静地放弃了"。[2] 对于口头证据不可接纳的证据规则的执行,也大大放松。[3] 从实际效果来看,当合同用语的通常字面含义与经过证明的当事人真实意图不一致时,法官事实上越来越倾向于依照当事人的真实意图来解释合同。这一点可以从几个著名的判决中得到证明。在"投资者补偿计划有限公司诉西布伦斯维克建筑协会一案"中,霍夫曼大法官认定,当事人的主观认知只是因为某些实际考量而被排斥在环境证据之外,而法官在合同解释时应该接纳;如果从合同背景可以看出合同的用语一定出错了,法律并不要求法官(依照合同语义)强加给当事人显然不存在的合同意图。[4] 这些地位尊崇的大法官在其最高司法机构所作判决中的表述,展示了普通法系的合同解释已经逐步偏离严格客观主义并向主观主义理念靠拢。而作为美国合同法普通法规则的权威概括,《合同法重述(二)》第202条第3款规定,除非不同的意图得到证明,合同依照合同用语的通常含义或者技术含义来解释。言外之意,如果当事人的"不同的意图"得到证明,则可以偏离

〔1〕 有趣的是,审理该案的5位最高法院法官都认为合同前磋商证据可以在合同解释中被接纳,但却给出不同的理由。

〔2〕 *Manna Investment Co. Ltd. v. Eagle Star Life Assurance Co Ltd.* [1997] AC 749 (HL) at 779.

〔3〕 例如,加拿大英属哥伦比亚省最高法院在"*Gallen v. Allstate Grain Co Ltd.* (1984) 9 DLR (4th) 496 (BCCA)"一案已经清楚表明这一点。

〔4〕 *Investors Compensation Scheme Ltd. v. West Bromwich Building Society and others* [1998] 1 WLR 896 (HL) at 913.

合同用语的通常含义或者技术含义来解释合同。合同用语的通常含义解释只是一种"缺省状态",一旦不同的意图得以证明,该"缺省状态"不再适用。

另外,与合同解释相关的辅助性制度,也使法院绕过合同文本而探求合同当事人内在"合意"更为可能,如前文提及的普通法的合同文本更正制度(rectification)可以在合同文本未能正确记录当事人的口头真实合意的情形下发挥作用。一方当事人可以主张书面合同文本未能正确记录合同当事人达成的口头合同,要求法院对书面合同文本更正从而反映经由口头合同达成的真实"合意"。为此,该当事人用以证明口头合同内容的证据均可以被法庭接纳。

与传统相比,如今普通法系的法官更加强调探寻和尊重合同当事人所认为的合同目的是什么。这从许多确认责任排除或限制条款效力的判决中得到体现。例如,在著名的"DHL 国际快递公司诉里士满有限公司案"[1]中,里士满(新西兰)公司出口产品到意大利,为保证在意大利的买方能够付款,将货物的提单等文件交 DHL 快递给买方的开户银行,这样买方为了提取货物就必须先付款给银行从而获得提单等提货文件。不幸的是,DHL 错误地将整套文件直接快递给了买方,导致买方在未付款或提供任何担保的情况下直接凭这些文件提取了货物。货物买方随即破产清算。里士满诉 DHL 要求 DHL 赔偿全部货款损失。DHL 依赖快递合同中的免(限)责条款辩护,该条款规定 DHL 不承担任何间接损失而且对直接损失的赔偿上限是 $100。在解释这一免(限)责条款时,法院细致地考察了双方的合理期待。从 DHL 的角度来看,如果不做责任限制或免除,它必须收取高得多的快递费用。当然,客户仍然应当可以选择支付更高费用以求保障,所以合同中另有条款提到客户可以购买额外的保险。从里士满公司的角度来看,它可以选择支付昂贵的保险费以求心安,也可以选择承担一个概率很小(但损失可能巨大的)风险而节省一笔可观的保险费用。法院认为,后者正是里士满公司的选择并为 DHL 所接受,这个真实合意理应得到法庭的尊重,虽然如此排除或限制一方

---

〔1〕 *DHL International (NZ) Ltd. v. Richmond Ltd.* [1993] 3 NZLR 10 (CA).

“根本性违约”责任的条款似乎不公平。

美国合同解释的法律规则也呈现出向强调探求合同当事人真意“回归”的明显趋势。美国最早期的合同解释的法律规则,其实是较为接近主观主义的。如果合同各方对合同的用语赋予了本质上不同的含义,那么合同就不成立,因他们之间根本上就没有“合意”,除非该用语所涉及的条款对于该合同并不重要。[1] 后来,法院逐步采纳了客观主义的合同解释方法,即以“一个理性的人”对合同(条款)用语的理解来解释合同,即使在这样的解释与合同任何一方的解释都不对应的极端情形下(在此情形下,法院实际上是强加给当事人一个他们没有订立过的“合同”)。大约自 20 世纪 70 年代开始,美国合同解释逐步偏离严格的客观主义而向主观主义靠拢。这个趋势在 1981 年出版的美国《合同法重述(二)》得到体现,并在自 1978 年至今的各个版本美国《统一商法典》中一再得到确认。[2] 虽然仍有美国学者从不同的角度来论证合同解释的客观主义或者文本主义方法(作为合同解释的“缺省”方法)更为合理,[3]但由权威法律学者根据对判例法的概括而来的《合同法重述(二)》正持续影响着越来越多的法官、律师,以及未来的法官和律师,即法学院的学生们(如今几乎所有美国法学院都以《合同法重述(二)》为基础讲解合同法),使他们对寻求合同当事人的真实合意更加在意并对用以证明当事人真实合意的证据持更为开放的态度。作为示范法的美国《统一商法典》也得到越来越多的州的立法机关的采纳,成为在这些州具有约束力的法律。[4]

---

[1] 这可以从古老的“Peerless”一案的判决中推断出来。参见“*Raffles v. Wichelhaus* (1864) 2 H & C 906”。

[2] 参见 Restatement (Second) of Contract, 第 201 ~ 207 条,特别是第 202 条;以及 Uniform Commercial Code, 第 2 ~ 205 条和第 2 ~ 208 条。

[3] 如耶鲁大学管理学院 Alan Schwartz 教授和哥伦比亚大学合同与经济组织研究中心 Robert E. Scott 教授从节省诉讼成本和尊重合同当事人合同自由等角度论证文本主义的解释方法应当作为合同解释的缺省(default)方法。参见 Alan Schwartz & Robert E. Scott, “Contract Interpretation Redux”, *The Yale Law Journal*, Vol. 119, No. 5 (March 2010), pp. 926 – 964。

[4] 在 2010 年之前,美国有 9 个州就销售合同方面采纳了《统一商法典》,参见前引 Alan Schwartz & Robert E. Scott 一文第 928 页脚注 1;而现时已经有超过 30 个州全面或至少在商业合同方面采纳了该示范法,载 https://www.law.cornell.edu/wex/table_ucc,最后访问日期:2017 年 2 月 23 日。

另外,将客观主义或文本主义作为合同解释的“缺省”方法,并不排斥法院在与字面解释结论不同的合同意图得到充分证据证明的情况下,放弃“缺省”解释而接受得到证明的不同于字面解释的合同意图。

五、结语

合同解释的目标任务是探求合同当事人缔结合同时达成的合意。合意是需要通过语言文字表述的。当“内在合意”与“合意的外在表示”发生不一致时,法庭应当以哪一个为优先?普通法系合同解释遵循客观主义的解释方法,即以合意的外在表示的通常语义为合同内容解释的基础。与此相关的问题是,对于书面合同而言,在合同文本之外,法庭是否应该接纳其他外部证据用以证明合同当事人的合意,以及哪些外部证据,在什么情形或限制之下可以被接纳等,这些都是合同解释规则不能绕越的问题。以上分析表明,对于合同解释的法律规则,普通法已经逐步偏离传统的严格客观主义,法官对于探究合同当事人的内在合意更为积极主动,对用以证明合同当事人内在真意的外部证据的接纳也逐步采取了更为开放的态度。最近的判例表明,这一演进趋势仍在继续之中,普通法在合同解释法律规则的发展上正在吸收大陆法系的某些理念。但是,如果据此认定普通法已经放弃了客观主义的合同法律解释理念,似乎为时尚早。至于两大法系合同解释的理论、规则和实践是否逐步接近并终将趋同,仍需观察并作深入研究。

对《反不正当竞争法(修订送审稿)》第5条的思考

刘海虹*

在现代动态市场竞争中,商业标识作为竞争工具的价值凸显,市场竞争的主战场从对实际竞争结构的维护转为对竞争优势争夺上。仿冒是利用商业标识的典型不正当竞争行为,其在我国转型期的市场条件下更是花样翻新,层出不穷。现行《反不正当竞争法》第5条是我国反不正当竞争法规范仿冒行为的主要法律依据,但在应对各种花样翻新、层出不穷的仿冒行为上却越发捉襟见肘。2016年2月25日,国务院法制办公室就《中华人民共和国反不正当竞争法(修订草案送审稿)》(以下简称《送审稿》)公开征求意见。《送审稿》第5条以"商业标识"和"市场混淆"两个概念统领反不正当竞争法对商业标识利用竞争关系的规范,可以纠正司法实践中处理仿冒纠纷时常见的"无权无侵权"的民事侵权认定思路的偏差,有助于商业标识利用竞争关系的规范回归其"行为规范"和"竞争规范"的本质,克服了现行规定在长期实践中暴露出的规范范围和基础不明确及类型化标准不清晰的根本缺陷。但是,由于对"商业标识"和"市场混淆"两个核心概念的表述还不够明确,在诸多方面仍然存在不足,例如认定混淆行为的不正当性、区分商标侵权和涉及商标的反不正当竞争行为,区分涉及消费者混淆的仿冒行为和不涉及混淆的商誉搭便车行为及区分反不正当竞争行为与著作权、专利权保护等。本文通过分析《送审稿》第5条存在的问题、探究其根源,并对第5条的修改提出建议。

---

* 上海外国语大学法学院讲师,研究方向为知识产权法。

一、《送审稿》第5条的问题及其根源

现行第5条在实践中最突出的问题是“商业标识”的外延扩张,不同标志混用问题严重。现行第5条以商业标识的形式分项列举方式规定仿冒行为无法涵盖各种类型的商业标识,导致对现有类型的大量类推性适用。以商业标识的形式分项列举方式规定仿冒行为既不利于明确仿冒行为的规范基础,也不能揭示不同商业标识之间冲突的根源,不利于规范不同商业标识之间的冲突和仿冒行为的认定。司法实践中对仿冒行为的认定侧重从“公平取向”对行为目的进行主观的道德分析,忽视从“效率取向”对行为效果根据竞争的内在规律进行经济利益分析。《送审稿》试图通过规定“商业标识”和“市场混淆”的概念来解决这一问题,但由于这两个概念的内涵和外延不清,导致《送审稿》第5条第1款规定的不同混淆行为之间逻辑关系混乱,存在一定的交叉和重复。

1. 笼统的“商业标识”和“市场混淆”概念不能涵盖不同类型的仿冒行为

传统的仿冒行为是不正当利用商业标识的来源商誉可能造成来源混淆的行为,但是,不同的标识客观上识别性不同、其所运载的商誉也存在差别,在使用时导致的混淆内容也是不同的。如商标用来区分商品或服务来源,企业标志用来区分企业,作品标题用来区分作品,而产地来源标志的功能是区分产品或服务的产地来源,商品名称用来区分商品,域名是用来区分在互联网上的地址等。同时,大部分的识别性标志,尤其是直接用在商品上的标志通过长期的使用都可能获得“第二含义”,从而具有与商标相同的区分商品来源的功能。即商誉是一个动态的关系,企业商誉、商品商誉、甚至是个人形象和虚拟形象符号上的商誉都可能最终转化为来源商誉。因此,使用统一的“商业标识”概念只能涵盖上述这些标志已经获得第二含义之后的内涵,但并不能包括上述标志未获得第二含义之前原本的内涵。实践中不同标志之间的混用往往都是将已经获得第二含义标志作为一般标志(商号、装潢、节目名称等)使用。

要解决这一矛盾,国外的立法例主要有两种规范模式:

第一种不考虑识别性标志在识别内容上的区别,只要其具有区分商品或

服务来源地的能力,都将其统领在“未注册商标”的概念之下,对仿冒未注册商标行为的禁止是基于其盗用了未注册商标的来源商誉,使消费者对商品或服务来源产生混淆。如美国采取的就是这种做法,通过《兰哈姆法》第43条(a)(1)(A)[1]对未注册商标予以保护。这种模式对各种标志之间的混用并不作区分,只要造成“混淆”即可以认定侵权。在美国早期的司法实践中,“混淆”是较为狭义的“售中”“来源混淆”概念。日本也是以统一的“周知商品或服务表示”的概念统一所有能区分商品来源的标志,并且对不同标志混用的行为不予区分。[2] 此处的“混淆”也解释为来源混淆(包括直接混淆和间接混淆)。

第二种是德国的做法,明确不同标志在识别性上的差别,并且根据其识别性的不同分别确定内涵和外延不同的专有权。比如,商标的专有权限于禁止可能导致来源混淆的使用,企业名称的所有权范围限于禁止可能导致经营者身份混淆的使用,作品标题的所有权范围限于可能导致对作品混淆的使用,产地标记的所有权范围限于禁止虚假表示产地的使用。因此,德国商标法涉及使用不同标志的“混淆”的内涵也是不一样的。商标侵权行为是导致消费者对商品来源产生混淆的仿冒;对作品标题权的侵犯是使消费者对此作品与彼作品产生混淆的行为;对商号的侵权是使消费者对此经营者与彼经营者产生混淆的行为;对原产地标识的侵权是使消费者混淆产品产地的行为。对于被统一纳入《商标与其他标志保护法》的这几类标志,由于不同类别标志的权利范围不同,会出现在同一个标志符号上同时存在几种不同权利的情

---

〔1〕 第43条(15 U.S.C. 1125)虚假原产地名称;虚假说明或陈述(a)(1)任何人在商品、服务或商品包装上,或者与之相关的物品上,使用任何商业性字、词、名称、符号或设计,或者任何组合,任何虚假原产地名称、虚假或误导性事实说明、虚假或误导性事实陈述,并且属于下列情况:可能就该人与另一人的隶属关系、联系或关联性,或者其商品、服务或商业活动的原产地、赞助或批准引起混淆、误解或欺骗。

〔2〕 日本《不正当竞争防止法》中的规定(1993年5月19日第47号法律)第2条(定义)(1)本法所称“不正当竞争”是指下列行为:将他人广为需求者所知的对商品等的表示(指有关他人业务上的姓名、商号、商标、徽章,商品的容器或包装及其他对商品和经营的表示,以下同),作为相同或者类似的商品等的表示使用,或者将使用这种商品等表示的商品,予以转让、交付,或者为转让、交付目的而展览,输出或输入,产生与他人商品或经营混同的行为。

况。该法第6条明确规定这种情况下不同标志的优先地位和时间顺序:根据取得权利的时间顺序决定各权利的优先地位,如果是同一日获得权利,相互之间不产生请求权。这样的规范模式看起来叠床架屋,却透着典型德国法律的严谨逻辑。

这两种不同的规范方式在规范传统的仿冒行为上各有其特点,但是,随着市场竞争的加剧,新出现的一些标识混用行为并不会导致消费者对商品或服务来源产生混淆,而只是一种搭便车行为。面对这种商誉攀附的搭便车仿冒行为,美国的司法实践中出现了"混淆"概念的扩张,比如"售前混淆"和"售后混淆"都不涉及消费者在购买产品或服务时对商品来源的混淆。"售前混淆"本质上是对商标商誉的攀附,"售后混淆"涉及驰名商标商誉的淡化和贬损。此外,还专门制定了《联邦反淡化法》规范不涉及来源混淆的各种损害驰名商标显著性的商誉不正当利用行为。日本则是与仿冒商业标识行为并列规定了对著名标志声誉的不正当利用和淡化[1]来规范通过标识混用对标识商誉的搭便车行为和淡化行为。德国《商标法》除了对混淆性使用的规定之外,还规定了对标志声誉的不正当利用的禁止。这样,可以在商标法框架内解决部分标志混用问题。但是,对于那些未能在商标法中规定的标志,则是通过反不正当竞争法分别规定了标志的来源性混淆使用和对标志声誉的不正当利用的不正当竞争行为[2]来规范。英国虽然在理论上和实践中都拒绝广义的不正当竞争概念和不正当利用商誉的概念,但是,通过仿冒之

---

〔1〕 参见日本《不正当竞争防止法》中的规定(1993年5月19日第47号法律)第2条(定义):"二、对自己的商品,使用与他人著名商品等的表示相同或者相类似表示的行为,或者将使用这种商品等表示的商品,予以转让、交付,或者为转让、支付目的而展览、输出或输入的行为。

三、将模仿他人商品(自最初销售之日起超过三年者除外)形态[与该他人商品同种商品(如果不是同种商品,则指与该他人商品在性能,效用上相同或相似的商品)通常具有的形态除外]的商品,予以转让、出租或者为转让、出租目的而展览、输出或输入的行为。"

〔2〕 德国《反不正当竞争法》涉及误导(第5条第2款)的规定中就禁止"标志之间的混淆",既包括同类标志的混用,也包括不同类标志的混用(如将他人产地来源标志作为企业标志使用等)。如果这种混用存在对该标志标识内容的误导的可以认定为不正当竞争行为。此外,第6条比较广告的规定中对标志声誉的保护也可以用来解决不同标志的混用问题,只要标志具有声誉(交易中与标志相联系的积极价值评价),他人搭便车的混用就可以被禁止。

诉对商誉概念的扩张,可对各种标志上的商誉提供一定的动态保护。

2. 笼统的“商业标识”和“市场混淆”概念无法区分不同性质的商业标识和仿冒行为

不同的标识除了客观上识别性不同、其所运载的商誉存在差别之外,其性质也存在差异。商业外观和有知名度的人格符号在性质上与其他的商业标识存在根本性的不同。首先,商业外观尽管可以获得显著性,但其客观上也是一种智力成果,并且可以受到其他知识产权法的保护。知识产权法的保护都是有期限的,可以很好地平衡成果保护与竞争自由之间的冲突,而商标保护则可以是无期限的。其次,有知名度的人格符号具有极强的商业价值,但在其被商业使用之前,其上的知名度仅是名人的知名度,即声誉,并不具有标识商品或服务来源的“第二含义”。对这两种特殊标识给予保护是基于禁止不正当利用商业价值的价值基础,这种价值基础与禁止消费者来源混淆的基础是不同的。上述两种不同的规范方式都注意到了这一问题,对其予以区别对待。看起来美国商标法对获得“第二含义”的不同形式的未注册商标并不做区分,但是,对于一些特殊的标志,如商业外观和有知名度的人格符号(名人姓名、形象等),还是考虑到其与来源标记的差异性做了一些特殊的制度安排。因此,美国法为了避免对客观上获得“第二含义”的商业外观通过商标法赋予无期限的保护可能给竞争自由带来的影响,特别对商业外观规定了“非功能性”的要件。最后,由于美国法中对人格权的保护很弱,为了给有知名度的人格符号的商品化扫清障碍,美国《反不正当竞争法(第三次)重述》是通过创设公开权(right of publicity)来保护的。所以,美国法对有知名度的人格符号的保护实际上是建立在不正当利用商业价值的基础上的,这也是为什么公开权在《反不正当竞争法(第三次)重述》中是与商业秘密并列规定在第四章“对商业价值的利用”(appropriation of trade values)里的原因。

德国法也看到了上述标志不同于来源性标志的特殊性,但在保护上却采取了不同于美国的思路:对于商业外观通过反不正当竞争法提供一种类似于“成果权”的禁止依样模仿的法益保护。但是,近些年德国国内和欧洲对依样模仿规定可能给竞争自由带来的不利影响的批评不断。对于有知名度的人格符号德国法并未创设新的权利,而是通过传统民法中对人格权进行保护。对于那些不涉及来源混淆的不正当利用标识行为,德国则通过《商标法》和《反不正当竞争法》中"不正当地充分利用或损害了竞争者使用的标志的声誉"[1]的规定来规范。日本《反不正当竞争法》中对商业外观的保护与德国的思路相同,但是,考虑到这种类似"成果权"的禁止依样模仿的法益保护可能给竞争自由带来的不利影响,特别对这种保护规定了时限。[2]

《送审稿》试图将性质不同的标识和性质不一(涉及来源混淆和不涉及来源混淆)的仿冒行为统一在笼统的"商业标识"和"市场混淆"概念之下,在"商业标识"的概念统一上采取了美国法的思路,又希望像德国法那样清楚地界定不同的混淆行为,并分别规定不同标识混用的混淆行为,因此造成概念不清及不同混淆行为逻辑混乱的问题,也无法真正区分不用的仿冒行为的性质,明确仿冒的规范价值基础。

二、对《送审稿》第5条的修改建议

根据上述分析,在现代动态市场竞争中,商业标识上的商誉是经营者重要的竞争优势,市场竞争的主战场从对实际竞争结构的维护转为对竞争优势争夺上。仿冒的直接对象虽然是各种标识、产品特征、描述等,使消费者对来源于不同经营者的商品或服务产生混淆只是仿冒行为的目的和后果之一。近年来,不涉及混淆可能性的商誉攀附和搭便车行为成为动态竞争中的突出乱象,其中就包括不涉及混淆可能性的商标混用。仿冒的本质是利用商誉的不正当竞争。《送审稿》第5条尽管试图通过"商业标识"和"市场混淆" 两个概念

〔1〕《德国反不正当竞争法》(2008年)第4条不正当商业行为列举:9. 供应构成对竞争者的商品或服务的模仿的商品或服务的,且①导致对顾客关于企业来源地,不可避免地欺骗;②不合理地充分利用或损害被模仿商品或服务的声誉;或③不诚实地获得模仿所必需的信息或资料。

〔2〕 日本《不正当竞争防止法》中的规定(1993年5月19日第47号法律)第2条:"三、将模仿他人商品(自最初销售之日起超过三年者除外)形态[与该他人商品同种商品(如果不是同种商品,则指与该他人商品在性能,效用上相同或相似的商品)通常具有的形态除外]的商品,予以转让、出租或者为转让、出租目的而展览、输出或输入的行为。"

对不同的仿冒行为进行清楚的界分,但事实上,含义不明的“市场混淆”并不能统一上述不同的利用商业标识的不正当竞争行为,也不能从根本上解决不同商业标识之间冲突的根源问题。因此,以商誉利用为中心对仿冒行为进行类型化可以尽量避免不同类型之间可能出现的交叉与重叠,也有利用不同类型的仿冒行为的认定。鉴于我国不同标志的混用现象的确非常突出,而且商标法中也明确规定了商标和商号的冲突由反不正当竞争法规定,最好能够在第5条中对不同标志混用予以规定。同时考虑到商业外观、人格符号区别于来源性标志的特殊性,以及各国对其不同的规范制度尚在探索之中的情况下,在商业标识的列举中最好不将其包括在内,或者干脆不作列举,以免引起“为什么列举了此标志而未列举彼标志”的疑问。综上所述,建议对《送审稿》第5条修改如下:

《送审稿》第5条	建议修改
第5条　经营者不得利用商业标识实施下列市场混淆行为: (1)擅自使用他人知名的商业标识,或者使用与他人知名商业标识近似的商业标识导致市场混淆的; (2)突出使用自己的商业标识,与他人知名的商业标识相同或者近似,误导公众,导致市场混淆的; (3)作为企业名称中的字号使用,误导公众,导致市场混淆的; (4)将与知名企业和企业集团名称中的字号或其简称,作为商标中的文字标识或者域名主体部分等使用,误导公众,导致市场混淆的。 本法所称的商业标识,是指区分商品生产者或者经营者的标志,包括但不限于知名商品特有的名称、包装、装潢、商品形状、商标、企业和企业集团的名称及其简称、字号、域名主体部分、网站名称、网页、姓名、笔名、艺名、频道节目栏目的名称、标识等。 本法所称的市场混淆,是指使相关公众对商品生产者、经营者或者商品生产者、经营者存在特定联系产生误认	第5条　经营者不得利用商业标识实施下列市场不正当竞争行为: (1)使用他人的商业标识,或者使用与他人商业标识近似的商业标识可能导致混淆的; (2)使用自己的商业标识,与他人的商业标识相同或者近似,可能导致混淆的; (3)采取标识混用的方式或其他手段,不合理地充分利用或损害他人知名商业标识的声誉的,包括但不限于将他人注册商标、未注册的驰名商标作为企业名称中的字号使用,将他人企业名称中的字号或其简称,作为商标中的文字标识或者域名主体部分等使用。 本法所称的商业标识,是指区分商品生产者或者经营者的标志,包括但不限于包装、装潢、商品形状、商标、商品特有的名称、企业的名称及其简称、字号、域名主体部分、网站名称、网页、姓名、笔名、艺名、频道节目栏目的名称、标识等。 本法所称的混淆,是指使相关公众对商品生产者、经营者或者商品生产者、经营者存在附属、赞助、许可等关系产生误认

具体修改建议的理由如下:

【第5条第1款开头语】

将"市场混淆"改为"不正当竞争"。

理由:根据各国立法例和司法实践,利用商业标识的不正当竞争行为并非仅限于混淆行为,还有不涉及混淆的商誉攀附、"搭便车"行为。而且,根据修改稿对"市场混淆"的定义,与商标法对"混淆"的定义没有不同,没有必要再另行创设一个概念。

【第5条第1款第1项】

删除"擅自"和"知名",将"导致市场混淆的"改为"可能导致混淆的"。

理由:规定"擅自"是为了强调此种行为以主观恶意为前提,但是,不管是否存在使用者的主观恶意,只要这种使用客观可能导致"混淆",就构成仿冒。因此,删除"擅自"。

不同的标识,只要通过使用获得"第二含义"就建立了标识与特定经营者之间的唯一联系,并形成一种竞争优势。而标识从不知名到"知名"的过程一般就是其获得"第二含义"的过程。因此,既然已经明确规定"商业标识"是区别商品或服务经营者的标识,就没有必要再要求"知名"。纵览各国的立法例,都没有要求商业标识必须"知名"。日本《不正当竞争防止法》中规定的"周知"就是在相关消费者之中广为人知已经确立了第二含义。而且,实践中对于"知名"的含义众说纷纭,很难认定,甚至在国家工商行政管理总局1995年7月发布的《禁止仿冒规定》中规定了反推原则,[1]以混淆反推标识具有知名度,导致循环论证。而且,由于从受混淆影响的消费者的角度来看,商标是否注册无关紧要,根据各国的立法例,反不正当竞争法的保护对于注册商标和未注册商标应该是一视同仁。删除"知名"之后,就可以实现对

[1] 《关于禁止仿冒知名商品特有的名称、包装、装潢的不正当竞争行为的若干规定》第3条第1款规定:"本规定所称知名商品,是指在市场上具有一定知名度,为相关公众所知悉的商品。"第4条第1款规定:"商品的名称、包装、装潢被他人擅自作相同或者近似使用,足以造成购买者误认的,该商品即可认定为知名商品。"

注册商标和未注册商标的平等对待。

"市场混淆行为"一语容易让人误认存在"非市场性"的混淆行为,尤其容易排除"未投入市场但存在混淆可能性"的情况。因此,用"可能导致混淆"替代"导致市场混淆",更加科学和准确一些,也与《商标法》的规定相一致。

【第5条第1款第2项】

删除"突出",将"导致市场混淆的"改为"可能导致混淆的"。

理由:规定"突出"和"误导公众"是为了强调此种行为的以主观恶意为前提,但是"突出"和"误导公众"的含义并不明确,而且"主观恶意"也是要从客观的行为中予以判断。此外,从行为的结果来说,"误导公众"和"混淆"的含义亦有重复,为了避免不同的解释,还是删除为好。

【第5条第1款第3、4项】

删除该两项,将其合并修订为:"(3)采取标识混用的方式或其他手段,不合理地充分利用或损害他人知名商业标识的声誉的,包括但不限于将他人注册商标、未注册的驰名商标作为企业名称中的字号使用,将他人企业名称中的字号或其简称,作为商标中的文字标识或者域名主体部分等使用。"

理由:这两项主要是解决不同类别标志混用的不正当竞争问题。在我国司法实践中,被混用的标识主要是他人的注册商标、未注册的驰名商标或知名的字号。根据上述第一部分的论述,在明确规定了"商业标识"是指区分商品生产者或者经营者的标志立法例中,对各种标志之间的混用并不作区分,只要造成"混淆"即可以认定。因此,第5条第1款第1项的规定在逻辑上并未限定擅自使用他人商业标识仅限于擅自使用他人的同类标志,也可以涵盖擅自混用他人的不同类别的标志。因此,不同类别标志的混用如果导致混淆,可以直接为第5条第1款第1项调整。但是,由于不同种类标志的混用有时并不会导致商品来源的混淆,有些情况只是对标志商誉的搭便车。事实上,无合理理由混用不同类别的标志本身就体现了混用者搭便车的主观意图,而且《送审稿》第5条第3、4项中特别使用了"误导公众",也是为了表明混用者搭便车的主观意图。此外,对于商标侵权的认定,我国《商标法》所规定的混淆仅限于“混淆”,并不涉及不存在混淆的商誉攀附或淡化。因此,有必要增加一项利用商业标识的不正当竞争行为来规范不涉及混淆的商誉攀附或淡化,将不涉及混淆但无合理理由不正当利用他人标识商誉的混用行为纳入该项,可以避免《送审稿》相关条款逻辑上的混乱。同时,也有助于遏制层出不穷的“搭便车”行为和对驰名商标的淡化行为。由于“搭便车”本身并不必然具有不正当性,因此,该项特别对“搭便车”行为和被搭便车的标识进行了限定,只有“不合理充分利用或损害”知名商业标识声誉的行为才构成不正当竞争。

【第5条第2款】

对该款所列举的商业标识根据其识别性的不同归类列举,调整了一些商业标识之间的顺序。应改为“本法所称的商业标识,是指区分商品生产者或者经营者的标志,包括但不限于商标(注册和未注册)、包装、装潢、商品形状、商品特有的名称、企业的名称及其简称、字号、域名主体部分、网站名称、网页、姓名、笔名、艺名、频道节目栏目的名称、标识等。”

理由:尽管该款并未区分不同标识识别性的区别,但是,列举中将识别性相同的标识放在一起在逻辑关系上更为清楚。

【第5条第3款】

将“市场混淆”改为“混淆”,将“特定联系” 改为“附属、赞助、许可等关系”。

理由:根据各国立法例和司法实践,利用商业标识的不正当竞争行为并非仅限于混淆行为,还有不涉及混淆的商誉攀附、“搭便车”行为。

企业投资人身份的可继承性问题探究

——以民营企业家族传承法律问题为视角*

马海蓉**

引言

近代国家，因封建制度的废除以及传统家族关系的衰落，封建等级特权背景下宗法意义上的身份及祭祀权继承已经退出历史舞台，现代国家认可的继承立法一般仅指财产继承，我国也同样如此，继承法直接规定了继承的客体是财产。[1] 然而，随着社会经济的发展，一种新型的身份继承即自然人投资人身份（如股东资格、合伙人身份）的继承出现在了社会生活中，突破了继承法关于遗产仅限于财产的规定，还在某种程度上可认为是身份继承的回归。

在我国，这种身份继承是随着民营企业的日益壮大、第一代的创始人逐渐步入退休甚至垂暮之年而产生的。这些退居幕后的"创一代"希望自己过世后能子承父业，家族传承，把积累的财富以及作为投资人（如公司的股东、合伙企业的合伙人）的身份一并传承给下一代，以保障家族企业的可持续性发展。然而，我国1985年颁布的《继承法》规定继承的客体只能是财产，并没有涉及投资人身份继承的内容，使得这种身份上的继承无法可依，导致这类

* 本文为上海外国语大学2015年度校级规划基金项目（项目编号KX171360）：《民营家族企业财产继承的法律问题研究》阶段性研究成果之一。

** 上海外国语大学法学院讲师，研究方向为民商法。

[1] 《中华人民共和国继承法》第3条规定："遗产是公民死亡时遗留的个人合法财产。"

继承纠纷不断,严重影响民营企业的后续发展。为解决这个迫切的问题,在后来的商事主体法中有了相应的规定,如《公司法》第76条对于自然人股东资格继承的规定,以及《合伙企业法》第50条对于合伙人资格继承的规定。

上述规定均明确提出了股东资格以及合伙人资格的可继承性,这里的资格应该说具有双重性,是身份权和财产权相结合的综合性权利义务。因此,从某种程度上说,投资人资格的继承是"身份继承"的一种回归。[1] 现实生活中,此类投资人身份继承主要出现在投资人为自然人的有限责任公司、股份有限公司、合伙企业以及个人独资企业,即通常所说的各类民营企业。故本文除分析投资人身份继承这一新型继承客体外,另一大意义还在于探讨民营企业在财产继承过程中出现的法律问题及解决途径。

一、企业投资人(自然人)身份继承的性质

1. 投资人身份本质上属于生产领域的企业身份体系,终极意义是为了决定企业财产利益的归属

"身份"广泛存在于社会生活中,是某个体或组织在一个特定社会团体中所处的位置或资格。每个主体都会有一个或多个社会"身份"。[2] 生产领域的身份体系是为组织生产活动而构造的,主要通过身份秩序整合财产关系,通过身份权力规范企业财产支配关系。[3] 在市场经济领域,投资者一旦将自己的资产投入给企业,财产所有权即转归企业所有。而投资人的权利就体现在对企业的经营管理权及投资收益权,前者是通过企业权力机关行使决策权、监督权,目的是最有效地控制支配企业的财产,后者是从企业获得投资收益的权利。因此,投资者身份的终极意义在于追求财产利益的归属,从继承法角度看,具有财产性的投资人身份权不同于不具有财产性的专属于自然

---

〔1〕 张志明、顾海龙、汪国标:《从有限责任公司股东资格继承看继承法的完善》,载《中国公证研究》2010年第9期。

〔2〕 参见张作华:《认真对待民法中的身份——我国身份法研究之反思》,载《法律科学》2012年第4期。

〔3〕 参见童列春:《私法上财产关系的身份调整》,载《法商研究》2011年第5期。

人的人身权利,具有可继承性。

2. 投资人身份具有可转让性,符合可继承财产的特征

成为继承法上的遗产需具备时间性、合法性、限定性及可转让性等特点。投资人将自己的资产投入给企业,该资产所有权就转让给了企业。而投资人对于企业的支配体现在公司股权或合伙企业合伙财产份额的拥有上,这些权利份额可以通过公开市场进行转让,投资人身份也随之转移。故当投资人去世后,在符合一定条件的前提下,他在企业中的身份同样可以转让给继承人。

3. 现代的投资人身份继承是对投资人权利义务的概括承受,是一种新型的继承客体

我国古代的身份继承是封建等级特权制度的产物,而且通常是嫡长子才能继承,受到严格的血缘关系的限制。而现代的投资人身份继承是民营家族企业股权控制的传承问题,是身份权和财产权的结合,除有一定的血缘关系外,还须具备卓越的领导力以及企业经营能力才能胜任这一资格,与历史上的"官位世袭"以及纯粹的财富继承有很大的区别。

二、不同类型企业投资人身份继承的法律渊源及常规设计模式

1. 有限责任公司股东资格的继承

资合性及人合性共存是有限责任公司区别于其他商业组织形式的最典型特点,公司通过股东承担有限责任来吸引有投资意愿但又不愿承担较大风险的投资人,同时又吸取了合伙企业投资人之间互相信任、亲自参与业务管理的优点。资本的联合和股东间良好的信赖关系是公司两个不可或缺的信用基础。[1] 而投资人赖以行使权利承担义务的股东资格能否成为继承的客体长期以来存在争议,肯定说认为股东拥有的股份通过投资获得,其中的自益权(股东谋取自身利益的权利,如公司盈余分配权、剩余资产分配权、股权转让权等)属于财产性权利,符合继承法财产继承的规定,当然可以被继承。

[1] 参见江平:《法人制度论》,中国政法大学出版社1994年版,第13页。

而否定说则认为股东资格还具有人身属性,尤其是其中的共益权(股东既为自身也为公司利益主张的权利,如股东会的表决权、提案权及质询权等)与股东的人身不可分离。若继承人作为新股东加入公司,会挑战有限责任公司原有股东之间的平衡,导致相互间产生不信任,影响公司的正常经营,因此上述的身份利益不能被继承,只能继承与股份对应的财产利益。以上两种观点均有一定的合理性,在司法实践中全国各地的法院判决也不尽相同,有的法院判决不能继承股东的身份,只能把股权转让后所得到的财产利益作为继承的对象,而有的法院则判决可以继承股东身份,代替被继承人成为新的股东。

作为自然人的股东去世后,其继承人是否当然获得股东身份,通常来说大陆法系国家有两种做法:一种是德国模式,即股东的合法继承人不需要经过其他股东同意,直接取得股东身份。[1] 另一种是法国模式,即股东去世后其继承人获得股东身份须符合一定的条件。[2] 为了解决这个现实的问题,2014年修订的我国《公司法》第76条[3]借鉴了法国《商事公司法》的规定,采纳了股东资格可以被继承的观点,但前提是公司章程没有例外规定。从该法条首先可看出,合法继承人继承的是去世股东的股东权,是一个复合性的权利,属于社员权的类别。其中既包含具有经济性质的权利,也具有非经济性质的权利,并非纯粹的财产权,否则根据继承法即能解决该问题,无须公司法对此做专门的规定。其次公司章程可以通过特别规定,限制甚至排除股东资格的当然继承。至此,这部商事主体法突破了《继承法》关于遗产范围的规定,将身份继承纳入继承的范畴。

《公司法》第76条的规定就像定海神针一样确定了股东资格的可继承性,为众多民营家族企业的代代传承提供了法律依据。而从该法条后半款但

[1] 参见德国《有限责任公司法》第15条第1款。

[2] 参见法国《商事公司法》第44条:公司股份通过继承方式或在夫妻之间清算共同财产时自由转移,并在夫妻之间以及直系尊亲属和直系卑亲属之间自由转移。但是,章程可以规定,配偶、继承人、直系尊亲属、直系卑亲属只有按照章程规定的条件获得同意后,才可称为股东。

[3] 新《公司法》第76条规定:"自然人股东死亡后,其合法继承人可以继承股东资格;但是,公司章程另有规定的除外。"

书的规定可看出,法律充分尊重了有限责任公司人合性的特点,把公司章程放在优先适用的位置,突出了公司章程的重要性。目前,众多的民营企业已经面临或即将面临“创一代”过世的局面,如十几年前的“海鑫集团”及“均瑶集团”的掌门人突然去世,继承纷争迭起,军心不稳,严重影响了公司的正常经营。其中一个原因是掌门人或身处壮年或事发突然,还没把家业传承列入考虑事项,中国人长期以来缺乏订立专业有效的遗嘱的意识;另一个重要原因是公司章程中没有规定自然人去世后股东资格的继承问题,否则,继承纠纷的繁复及解决时间的长短不影响公司的照常经营,这也是每个股东乐于看到的。

公司章程是所有股东协商一致签订的,是有限责任公司的自治性法律文件,某种程度上可视为一个公司的“宪法”,既然公司章程对股权继承问题作出事先规定,作为继承人应该予以遵守。《公司法》第 76 条仅指出公司章程可对股东资格继承作特别规定,而实践中公司章程对此该如何规定才合理又合法呢?笔者认为,每个自然人股东都会面临生老病死的问题,出于人之常情都会希望自己的继承人,尤其是子女能在自己去世后继承家业(股份)并发扬光大。然而现实中并不是每个继承人都能完美履行股东职责,并且有限责任公司股东间的相互信任同样重要,股权继承会引发股权变更,新股东(继承人)的加入必然会打破原先的平衡,或多或少都会影响公司的运营。因此,作为理智的民营企业家如果从公司的长远发展出发,应该在公司章程中对股权继承事先做出相应的规定。通常设计模式如下:首先,考虑到有限责任公司的人合性,股东继承人要继承股权(自益权及共益权均包含)须取得过半数股东的同意(参考《公司法》第 72 条第 2 款的规定)[1]。其次,如果过半数股东不同意的,继承人可以有以下两种选择权:一是由章程中事先确定的

[1] 《公司法》第 72 条第 2 款规定:“股东向股东以外的人转让股权,应当经其他股东过半数同意。股东应就其股权转让事项书面通知其他股东征求同意,其他股东自接到书面通知之日起满三十日未答复的,视为同意转让。其他股东半数以上不同意转让的,不同意的股东应当购买该转让的股权;不购买的,视为同意转让。”

第三方(可以是其他股东也可以是第三人)受让全部股权,按被继承人去世当天公司账面净资产价值来确定转让价格,继承人获得对应的金钱;二是继承人仅继承股权中的自益权(财产性利益),而该被继承股权中属于共益权的部分(具有较强身份性)则由其他股东按所持股权比例按份持有或委托给共同同意的第三方(如信托公司)持有。这样,既保障了有限责任公司的人合性,又有利于民营公司的持续经营。

2. 股份有限公司股东资格的继承

与有限责任公司不同,股份有限公司是纯粹的资合公司,股东持有股份的数量代表了对公司权利义务的大小。《公司法》第138条规定,股东持有的股份可以依法转让。因此上市公司的股东可以自由地将持有的股票在股票交易市场进行买卖交易,非上市公司的股东也可以通过股东变更登记来完成买卖、赠与或互易,一旦转让,其股东资格也随之转移,并不影响公司的持续经营。因此,当股份有限公司的自然人股东去世,其股份当然可以由其继承人继承,即继受股东的所有权利义务,成为新的股东,不必像有限责任公司那样要受到公司章程的约束,可以随意继承。

当然,无论是有限责任公司还是股份有限公司,一些特定的管理职位,如董事长、总经理等,其承担者除了要具备股东身份以外,更重要的是要有相应的领导才能,因此该身份具有专属性,不能成为继承的客体,"董事之地位,有一身专属的性质,不许继承"。[1] 当然现实生活中,大股东去世后其继承人可能仍会担任被继承人生前的职务或其他高级管理职务,但此为能力所致,由股东(大)会推选担任的,与继承无关。

3. 一人有限责任公司与个人独资企业投资人身份的继承

这两类企业的共同点是投资人是一个人,不管出资后的财产归公司所有还是仍归投资人所有,当该投资人去世后,产生的继承问题是一致的。一人有限责任公司的继承可以类推适用《公司法》第76条关于普通有限责任公司

〔1〕 史尚宽:《继承法论》,中国政法大学出版社2000年版,第160页。

股东资格继承的条款，而且由于不存在其他股东意志的影响，可以自由地由继承人继承。而个人独资企业的财产权仍归投资人所有，因此其去世后该企业当然由他的继承人继承（《个人独资企业法》第 17 条）。这两类企业的继承包含了财产继承以及身份继承两个方面，是一种全方位的继承。

因此，以上两大企业投资人身份的继承都没有法律障碍，最大的问题在于企业性质的改变。由于投资人去世后，多个继承人均有继承权，如配偶、父母及子女等，如事先未立遗嘱，则按照法定继承每个人都拥有平等的继承权。当唯一投资人去世，如果多人共同继承，那么，独资企业的性质就发生变更，一人有限责任公司可以变更为股东为 2 人以上的普通有限责任公司，个人独资企业可以根据自身的实际情况变更为有限责任公司或合伙企业。

4. 合伙企业合伙人身份的继承

合伙企业的基础是合伙人间的相互信任，是人合性最强的组织形式。合伙人对合伙企业除享有财产利益外，因其共同参与执行合伙事务（尤其是普通合伙人），每个合伙人的个人因素对企业都至关重要，其成员权的共益程度远高于公司的股东。因此，任何一个合伙人的退伙或者新合伙人的加入都会对合伙企业带来重大影响。当某一合伙人因死亡而终止其合伙人资格，相当于退伙。若允许其继承人继承合伙人资格，则相当于入伙。《合伙企业法》规定，入伙需经其他合伙人的一致同意。故合伙人死亡的法律后果可参照退伙的法律规定，通常情况下，其死亡后由合伙企业将其财产份额退还给继承人作为遗产自行分割。而如果其继承人意图继承合伙人资格，须符合一定的条件。即要看合伙协议中是否事先约定了允许合伙人资格的继承，或者经其他合伙人同意才有效。另外，单纯以信誉或劳务出资的普通合伙人去世，因其出资方式具有人身专属性，不能继承，其继承人只能将合伙财产份额结算成实物或货币再进行遗产分配，从而退出合伙，此时是单纯的财产继承。

有限合伙人资格的继承不像普通合伙人一样受到较多限制。原因如下：一是有限合伙企业的人合性低于普通合伙企业，有限合伙人的主要义务是按期足额出资，不参与执行合伙事务。因此有限合伙人只要提前30 日通知其他合伙人,就可将出资全额转让给合伙人以外的人,即新的合伙人进入代替原有限合伙人的地位,几乎没有限制,其转让的自由度甚至接近于股份有限公司的股东。二是有限合伙人的出资通常来说占整个合伙份额的绝大多数,奠定了合伙企业的财产基础及对外承担债务的能力,若因死亡合伙人的继承人不能继承合伙人资格而退伙,其资本的抽离甚至可能导致合伙企业的解散。因此,有限合伙人死亡,其继承人可以无条件继承合伙人资格,成为新的有限合伙人,甚至其继承人是未成年人或者智力及精神状态有缺失也同样能继受有限合伙人的资格,当然具体继承事项需要其法定代理人辅助进行。[1]

对于隐名合伙人来说,其在合伙企业中的责任承担以及法律地位与有限合伙人非常接近,因此隐名合伙人死亡,其继承人对合伙人资格的继承比照有限合伙的规定执行。民营企业的创始人根据其需求选择上述不同性质的企业类型,自我国改革开放后创造了惊人的财富。据《2016 胡润全球富豪榜》显示,中国大陆千万富豪已达 121 万人,亿万富豪已达 7.8 万人,中国大陆地区拥有 10 亿美金以上资产的富豪人数首次超越美国。同时数据也显示"中国民营企业中约有 90% 为家族式经营,其经济总量在 GDP 中的比重已经超过 60%,未来 5~10 年内,中国将有 300 万家民营企业面临接班换代的问题"。民营企业在传承过程中主要会出现以下几种情况:最佳方案(第一种方案)是子承父业,家族内部传承,这是绝大多数创业者所乐于看到的。然而,据 2015 年发布的《中国家族企业传承报告》数据显示,明确表示愿意接班的"二代"仅占调查样本的 40%,而有 15% 的"二代"明确表示不愿意接班,另有 45% 的"二代"对于接班的态度尚不明确。因此,一些家族便采用第二种方案,即继承人只继承股权,充任股东并分享企业盈利,企业管理交给职业经理人。第三种方案是家族通过股票上市或股权转让逐渐减少股份,变成小股东从而丧失企业的控股权,但部分家族成员仍担任企业的经营管理职责。第四种方案是将企业的经营权和所有权全部转让,家族彻底退出,将企业财

[1] 参见《合伙企业法》第 79 条、第 80 条。

产转化为金融资产、不动产、设立基金等方式传承。[1]

三、民营企业身份继承兼财富传承的主要途径

改革开放30多年,中国第一代民营企业家为中国的经济发展做出了巨大的贡献,创业奋斗的同时也积累了巨额的家族财富。目前中国早期的民营家族企业将迎来企业接班、家族传承的高峰期。对于创业致富的老一辈人来说,"富不过三代"的财富魔咒是他们最担心的。西方的家族企业研究者也得出结论,80%的家族企业不能顺利传给企业者的下一代,而传到第三代更是只有10%多一点。[2] 第一代创业者们都希望自己的继承人能传承家族的财富、价值观,让家族基业长青。

企业继承主要是指企业股东或合伙人去世后,其留下的遗产涉及公司股份及合伙人权益而产生的物质财富继承,也包括企业经营理念、家族文化精神、社会关系财富在内的精神财富传承。除要符合《继承法》的规定外,还要符合企业法方面的规定,其复杂程度远远高于普通的财产继承。欧美等经济发达国家经过长期发展,形成了包含公司法、物权法、继承法等完备的法律体系与税务制度具有私人银行、家庭办公室和独立财富顾问在内的多层次财富管理机构;家族信托、基金和高端保险等具备财富传承与保障功效的金融工具,可以有效地将企业、家族财产与家庭成员的个人风险独立开来。而中国式家族企业普遍没有制定系统的财富传承规划,甚至还停留在"听天由命"的状态。当前,民营企业由于对相关法律知识了解不够深入,又缺少专业及时的帮助,使家族内部纷争不断,家族财产出现重大损失。为减少这种纷争,使家族企业持续发展,国内的民营企业创始人应借鉴欧美国家长达数百年的家族财富传承经验,在专业人士的帮助下提早进行系统的、全面的规划,综合运用各种传承工具,实现利益最大化。

---

[1] 《中国家族企业纷纷转卖股权美媒:子女不愿继承产业》,载 http://news.163.com/16/0417/00/BKQJ6HH100014AEE.html,最后访问日期:2017年3月20日。

[2] 参见张伟:《民营企业财产继承法律问题研究》,载《河北法学》2007年第6期。

(一)订立专业有效的遗嘱确定适合的企业接班人

我国《继承法》规定第一顺序继承人包括配偶、父母、子女。通常来说,配偶和父母一般只继承金钱、实物或股份,能成为企业接班人的合适人选往往是子女。如果按照法定继承方式,多子女人共同继承企业股权可能导致分家析产、各立门户,打破了当初规模经营的模式,或者股份被稀释,使每一个继承人所占的股份均不足以掌控企业,不仅容易产生内耗,还可能有被外人吞并的危险。要避免以上问题,民营企业的掌门人应该未雨绸缪,在自己年富力强时便选择合适人选着力培养其经营才能,并且事先立好专业有效的遗嘱,一旦继承开始,被指定有经营权的继承人可以马上执掌企业,使企业不因控制人的去世而管理混乱甚至倒闭破产。而其他继承人则在金钱和实物上得到补偿。因此,多子女家族继承企业的重要原则是确保股权的集中度。主要有以下几种方法:

第一,可采用一人控股,其他继承人获得股权外财产的做法。如碧桂园集团的创始人杨国强就把企业控股权全部给了最适合管理企业的二女儿杨慧妍,使其一度成为中国女首富。其他子女或只享受财产性收益或只是担任企业一定级别的管理者而并不拥有控股权。

第二,企业家在遗嘱中设定家族内部的股权收购制度,选定的接班人有权优先收购其他继承人的股权,使其通过收购最终获得企业的控股权。如李锦记集团的第二代、第三代对企业的经营管理模式均产生了严重分裂,最终选定的接班人以高价收购其他兄弟姐妹的股权告终。

第三,若多位子女具有较强管理能力,可安排他们分别掌控不同的企业,彼此间可交叉持股,但保证各自控股。如方太集团的创始人茅理翔老先生就安排自己和儿子共同持有方太集团 90% 的股份并实际经营,而女儿仅持有方太集团 10% 的股份,与女婿经营另外的企业。

第四,参考日本及韩国企业家的做法,即实行长子继承制,由长子继承全部企业股权,而将家族中的其他小部分财产分给各家族成员,这样有利于集中企业资本,稳定公司股权结构,使企业持续发展。这种模式适合具有良好管理体制的企业,并且从小培养长子的经营管理能力,即使该人较平庸也不会对企业发展有很大负面影响,更何况经过长期的培养,接班人已经具备了基本的守业能力。

第五,参考法国、德国、日本等国的做法,允许被继承人在遗嘱中设定一个禁止遗产分割的期限(大部分国家是5年,最长的是30年)。[1] 当家族企业具有多位继承人,且均具有一定的才干时,企业家不愿厚此薄彼,希望自己去世后能由继承人平均分配企业股份或份额,但又担心继承开始后立即对企业股份或合伙份额的分割会损害共有财产的价值或企业的发展,可采用这种设立禁止分割期限的方法。在此期间,可通过由遗嘱指定或继承人推选的合适人选代表继承人共同体处理企业事务,或者引进职业经理人帮助继承人管理企业,这种模式设计可以避免代际交接导致的股权分散、家族成员纷争干扰企业经营发展,从而使家族企业顺利延续。

借鉴国外及我国港澳台地区的经验,大家族掌门人的遗嘱往往很早就订立完成,同时随着时间的推移、重大事件的发生,如结婚、生子、退休等不同时期不断地修订遗嘱。如香港富豪霍英东先生为保障其亿万家产顺利传承早早立下遗嘱,并指定了4个遗嘱执行人。但由于其中两个遗嘱执行人年纪太大无力承担执行职责,另两个与财产分配有利害关系,再加上未对遗产进行有效核查,使霍家遗产争夺大战频发,严重影响家族财富的平稳传承。因此,为确保遗嘱有效并被顺利执行,最好选择公正、中立的专业人士如律师等担任遗嘱的起草人、保管人和执行人。

遗嘱继承由于具有尊重立遗嘱人意愿、设立形式直接、简便,被拥有不同财产类型和数量的人群接受。然而,我国现行的遗嘱继承相关立法具有严重滞后性,使遗嘱继承在家族财富管理与传承中具有很大局限性。我国现行的《继承法》1985年颁布至今,个人和家庭财富成倍增长积累,遗产无论种类还是价值都有了很大的增加,然而现行立法难以满足从遗嘱订立、执行到遗产

[1] 日本《民法典》第908条:被继承人可以以遗嘱指定或委托第三人确定分割的方法,或以遗嘱禁止自继承开始起不超过5年的期间内实行分割。

分配过程中发生的各类需求。如《继承法》第16条仅规定了遗嘱人可以指定遗嘱执行人,但对遗嘱执行人的权利、义务和委托、解除程序缺少具体规定,无法产生对继承人有说服力和强制力的法律效果,使合法有效的遗嘱面临执行障碍。因此,如果立遗嘱人欲通过指定遗嘱执行人来管理资产,可以提前签订委托合同,对遗嘱执行人的权利义务进行详尽的、细化的规定,以此弥补立法的空白。

(二)采用遗嘱信托方式实现资产隔离,财富保值增值

遗嘱信托起源于欧美国家,是指由立遗嘱人(委托人)在生前与受托人(私人银行、信托公司甚至个人等)签订财产信托合同,委托受托人在其去世后依遗嘱内容执行遗产的管理、分配、运用及给付等相关事宜,[1]以完成遗产分配并照顾继承人(受益人)。遗嘱继承是立遗嘱人通过遗嘱的方式把生前的财产一次性地给了一个或多个继承人。而遗嘱信托是委托人通过信托的方式把遗产交由一个受托人来管理,并按照遗嘱中确定的方式把生前财产以及所产生的收益分期分批分配给受益人。遗嘱信托历经上百年验证已成为家族传承的有效手段。

2011年美国苹果公司前董事长乔布斯离世,留下了包括股票、房产、保险、现金等巨额财富,其配偶、父母和子女等人均有权继承。据外媒报道,众多继承人并没有因为遗产分配产生纠纷,主要原因在于去世前两年乔布斯就以遗嘱的方式将多处房产及巨额股票交给不同的信托机构管理,并对其去世后遗产的收益及分配做了妥善安排,避免了遗产纷争。英国戴安娜王妃去世时两位王子尚年幼,无法独立管理资产,幸好戴妃生前就立了遗嘱,将其3/4的财产留给两个儿子,但这些巨额财富并不是由他俩实际继承,而是把这些资产委托给专业机构进行管理、保值、增值,等到他们年满25周岁后才能不受限制地支取这些信托基金获得的投资收益。信托遗嘱在西方国家运用非常广泛,资产丰厚而继承人构成又非常复杂的富翁们借助专业而有效的遗嘱

[1] 《从乔布斯的遗产处置看遗嘱信托功能》,载《北京商报》2013年6月30日。

信托,不因为分配遗产而影响财富的规模效应,子孙后代同样能长久受益,并减少遗产纠纷的出现。

根据贝恩公司与招商银行发布的《2013 中国私人财富报告》显示,只有35%的“二代”愿意接掌家族企业。甚至江苏一家族企业的第三代传人为表达自己不愿接手家族企业的想法而砍断自己的手指。绝大多数家族企业“二代”“三代”有国外留学经历,他们回国后不愿意接手传统的制造型企业,而更愿意从事高科技或投资性行业。当面临传统实体经济发展放缓和子女不愿继承父业的双重困境时,有些企业家选择转让股权获得收益支持子女去从事喜欢的行业,而还有一些企业家仍然希望自己打下的江山能蓬勃发展,他们选择了遗嘱信托这种方式。

我国《信托法》第 8 条规定:当事人可以采取遗嘱的方式设立信托。该法条为我国民营企业的“创一代”选择遗嘱信托作为身后财产的规划方式提供了法律依据。遗嘱信托的主要意义在于:(1)安全隔离作用。遗嘱信托成立且立遗嘱人去世后,信托资产便成为独立的财产,不仅独立于委托人的财产,还独立于受托人的财产,有利于保障财富安全。一方面,信托资产与受托人的财产相隔离,即使受托机构负债累累甚至破产,都不会影响信托资产的安全。戴安娜王妃的巨额遗产经历严重的经济危机,甚至许多大企业因经营不善而破产,但其信托中的财产在糟糕的商业环境中不仅没有灭失,反而在 10 年中增值近一倍。另一方面,信托资产独立于委托人的财产,不因委托人去世而被继承人分割,仍能保证资产的完整性。(2)持续控制作用。与赠与、普通的遗嘱不同,遗嘱信托不是将巨额资产一次性分配给继承人,而是将信托资产的资产收益分期限、分阶段地分配给继承人,能有效地防止继承人过度挥霍、坐吃山空。同时还能避免子女婚变带来的财富减损风险。如香港歌后梅艳芳生前立下遗嘱,其去世后除一次性由保险公司给予梅妈 100 万港元外,其余巨额遗产交与信托公司设立信托资金,信托执行人每月给梅妈 10 万港元作为生活费,直至梅妈去世。不过,让用心良苦的梅艳芳没想到的是嗜赌的梅妈 1 年之内就把 100 万港元挥霍一空,且不满足于每月 7 万港元的生活费,几次控告信托公司,意欲夺回梅艳芳的全部遗产,但均被法院驳回,最终未能如愿。可见,即使委托人已去世多年,但信托机构仍将始终按照委托人设定的方式将家族财富进行分配和传承,以达到持续控制的作用。(3)保值增值且合法避税作用。遗嘱信托的受托人都是由金融、投资、法律及税务等方面的专业人士组成的团队,在财富管理方面拥有更强大、更专业的资源,其投资收益往往比财产所有人自行管理更高。另外,如果将来我国开征遗产税,也可以此合法避税,原因在于信托资产独立于委托人遗产,因此委托人去世该部分资产不在其遗产范围内,故不需要缴纳遗产税。

遗嘱信托方式因委托人生前便安排好了去世后财产处理事项并指定受益人,从表面上看能减少家族内部成员的纠纷,实现财产的平稳传承。然而遗嘱信托由于是通过遗嘱的形式设立的,存在两大弊端:一是委托人去世后财产传承的滞后性,主要原因是委托人去世后可能需要两三年的时间才能把遗留的财产转给信托公司管理,在此期间由于缺少专业人士的管理,财产可能会减值缩水。因此遗嘱可以表达意愿,但无法实现马上管理。二是遗嘱的有效性和执行受阻。其主要原因是部分利益受损遗产的继承人会想尽一切办法阻挠遗嘱的执行,如质疑遗嘱的真实性或拒绝签字等。上述梅艳芳遗产执行案中其母亲多次向法院控告遗嘱执行人、主诊医师和遗产受益人,要求法院判决遗嘱无效,希望独得亿万元遗产,便是典型的例子。另一个例子是中国“裸捐”第一人余彭年生前立下将自己80亿元的资产于去世后全部拨给余彭年慈善信托基金管理并投入慈善事业的遗嘱,在其逝世半年后被其次子以父亲无权处置亡母的财产为由主张该遗嘱无效,与遗嘱的受益人对簿公堂。[1] 因此由于遗嘱本身具有的风险性同样会影响或转嫁到遗嘱信托,使遗嘱信托成为具有较大风险的一种财产传承工具。

(三)家族信托模式可避免遗嘱或遗嘱信托固有的风险

成功的家族企业传承模式既能平衡家族成员之间的利益关系,也能避免

---

〔1〕《余彭年百亿财产裸捐受阻,次子指父亲遗嘱无效》,载新浪网:http://gd.sina.com.cn/news/sz/2015-12-18/detail-ifxmszek7197129.shtml,最后访问日期:2017年4月12日。

家事纠纷对家族企业股权结构完整性的破坏，使家族财富和家族精神能够代代相传。中国人习惯了“子承父业”的传统传承方式，然而“富不过三代”的例子比比皆是。反观西方国家的财富家族，如美国的洛克菲勒家族、肯尼迪家族，欧洲的罗斯柴尔德家族，传承百年，至今仍然显赫，其重要原因便是成立了家族信托来传承巨额财富。

家族信托是指委托人，即家族财富的拥有者将自己的财产设立成专项资产，并把它委托给受托人（私人银行、信托机构甚至个人等）管理并进行专业投资，该部分财产所产生的收益由委托人指定的受益人享有。家族信托具有遗嘱信托的大部分优点，并且能有效避免遗嘱常见的法律风险，它与遗嘱信托最大的区别便是委托人生前就将信托设立好并完成资产转移的所有法律程序，委托人可以在健在期间亲自监管信托财产的运营，出现问题时也可以进行调整和应对，从而保证去世后财产能按照自己的意愿处分，最大限度减少家族成员的内斗。

1. 刚起步而前景可观的国内家族信托

家族信托在中国还刚刚起步，但逐渐为高资产人群接受并尝试，有可观的市场需求。2013 年 1 月内地第一只家族信托诞生。一位年过 40 岁的企业家与平安信托公司签订了一份募集规模为 5000 万元，合同期为 50 年的单一万全资金信托合同。根据约定，委托人与平安信托共同管理这笔资产。委托人可通过指定继承人为受益人的方式来实现财产继承。[1] 2016 年 12 月 8 日，北京银行联合北京信托与中国社会科学院金融研究所财富管理研究中心、中央财经大学中国银行业研究中心合作发布了《中国家族信托行业发展报告(2016 年)》。该报告指出，中国境内目前已有 21 家信托机构和 14 家商业银行开展了家族信托业务，家族信托规模约为 441.8 亿元。展望 2020 年，中国本土家族信托规模可达 6275.5 亿元。中国第一代家族正面临金融、产业、姻缘与血缘“三期叠加”的风险。家族与企业的股权、不动产等财富主要

〔1〕 参见王俊丹：《国内家族信托案例详解》，载《理财周报》2014 年 9 月 4 日。

构成有待梳理;家族宪章与家族办公室等家族治理顶层设计尚属空白;家族信托在家业治理方面的应用将是一片蓝海。

我国《信托法》为家族信托提供了基本的制度架构支持,解决了家族财产长期管理的方式和方法问题,信托财产的独立性也为家族信托财产构筑起一道安全的"防火墙",保障了家族信托财产的安全与传承。根据《信托法》的规定,家族信托设立要符合下列基本规程:一是委托人和受托人应该达成意思表示一致的书面信托文件。二是将信托财产转移给受托人。信托财产具有独立性,既独立于委托人未设立信托的其他财产,也独立于受托人的固有财产,起到了双向隔离的作用,使企业和家族财产不因某些家庭成员的个人债务、婚姻、刑事追索、死亡等事项导致家族财产减损。此做法不仅是出于家族财产的安全考虑,更出于家族财产的整体管理和传承的需要。三是应当办理信托登记。

我国目前已形成了以"一法三规"[1]为基础的比较系统的营业信托法律制度体系,尤其是《信托公司集合资金信托计划管理办法》提供了格式条款,使双方的权利义务关系固定化,几乎没有协商的余地。但对于属于民事信托的家族信托来讲,委托人财富组成情况以及需求千差万别,迫切需要获得量身定制的、具有私密性的信托合同,而目前缺乏的是系统的、有针对性的法律、法规体系。

现阶段我国设立家族信托的法律依据主要是:(1)《合同法》,委托人和受托人可以以财富管理、税务筹划或慈善事业等目的设计信托合同,在合同中详细约定双方的权利义务,对受益人的利益分配方案,以及该信托的生效、变更、终止等条款。我国目前没有民事信托方面的专门法律,而《信托法》只是针对商业信托文件的书面形式、应当载明的主要事项、生效要件进行了简单的规定。因此在家族信托法律规定缺位的情况下,应该遵循《合同法》的一般原则对家族信托的具体条款进行设计和约定。(2)与信托财产所有权

〔1〕《信托法》《信托公司管理办法》《信托公司集合资金信托计划管理办法》和《信托公司净资本管理办法》。

转移相关的法律。如《物权法》规定了动产和不动产物权转让的方式，即登记与交付；《公司法》规定了公司股权的转让方式；知识产权方面的法律规定了著作权、商标权、专利权的转移方式。总之，当事人只要不违反《信托法》关于设立信托的基本生效要件，委托人就可以依照《合同法》和受托人协商，量身定做出属于自己家族的信托合同，甚至约定一些英美国家不被允许的“保留权利”。

在我国，从事家族信托服务的主要包括信托公司、商业银行、律师事务所、第三方理财与服务机构等，这些机构从事家族信托业务各具优势。信托公司具有牌照优势，商业银行具有产品和客户优势，律师事务所拥有信托框架设计与信托文件制作、家族信托法律事务性管理优势，第三方理财与服务机构具备较强的市场能力，因此需要各家机构在通力合作的基础上发挥各自优势，共同完成家族信托的市场设计。

2. 成熟的离岸家族信托

由于我国大陆地区立法上尚未规定信托财产转移登记制度和信托税收制度，理论和实务界对于事务管理信托、私益信托、民事信托等概念也尚未厘清，使设立多种类资产的信托颇为困难。因此，越来越多的高净值人士选择了离岸家族信托。离岸家族信托是指在离岸属地成立的家族信托，由于这些属地对信托的定义或法条有相对宽松或特别的政策，使受益人的利益能得到更多的保护，因此国内的一些富豪将境外财产包括境外资金、不动产和境外股权等权益性资产在一些适用英国普通法体系的海岛国家和地区，如英属维尔京群岛、开曼群岛、百慕大群岛、库克群岛等离岸金融中心设立家族信托，通过信托工具的灵活运用实现永久存续、稳定控制权、实现收益和传承等多重功能。离岸家族信托的主要优势在于：

第一，离岸地为家族信托提供了稳定而灵活的立法保障。由于离岸地的信托法律几乎都来源于英国的普通法和衡平法，因此具有成熟的信托成文法框架，另外，多数离岸地还制定了具有自身特色的信托法规。如英属维尔京群岛 1961 年生效的《受托人条例》便是根据英国《受托人法》制定的，是监管当地信托行业的主要法律之一。该条例近几年进行了重大修改,主要是引入了现代财富管理办法、扩大了受托人的投资范围以及增加了反强制继承规则。2004 年《维尔京群岛特别信托法》正式生效,该法案允许设立股权信托等特别信托方式,规定受托人持有股权,但不享有投票权及其相关权利,上述权利仍由公司的原股东和董事行使。该法案使委托人既可以通过信托方式保护其财产,又排除受托人过度干预公司的经营,对委托人更具有吸引力。此外,开曼群岛甚至制定了《永续法》用以突破英国信托法"信托不具有永续性"的基本原则,使大量具有永续家族信托需求的客户选择在离岸地设立家族信托。

第二,离岸地为家族信托提供了特别的司法保护。这些离岸地几乎都具有独立的司法权,其司法机构经常会拒绝执行外国法院的裁判,以达到保护信托财产的目的。如很多国家都有强制财产继承的法律规定,而大部分离岸地却规定有反强制财产继承,因此当权利人按照其母国关于强制执行的生效法律判决来向离岸地法院申请强制执行信托家族的财产时,当地司法机构会以外国法院裁判与当地法律不一致为由而拒绝执行。另外,如开曼群岛的《反欺诈法》(1999 年修正)规定,债权人在受到欺诈 6 个月内享有撤销权,且债权人负有证明行为人具有欺诈故意且低价处分财产的举证责任,而一般国家法律规定对于受欺诈享有撤销权的除斥期间是 1 年。开曼群岛这种短期的债权保护除斥期间和加重债权人举证责任的法律规定客观上有利于保护家族信托受益人的权利,使其在离岸地被债权人以欺诈为由申请撤销的可能性较小。

第三,离岸地为民营家族企业再投资及海外上市提供便利。目前有很多民营企业在国外投资,由于受我国外汇管制政策的限制,其投资所得基本不会以"利润"的形式回到国内。其采取的"曲线救国"的办法是在离岸地设立类似于红筹模式的离岸信托架构,其投资所得将会以"返程投资"的方式投资到国内,成为外商投资企业,如此既能享受外资企业的优惠条件,也能不受外汇管制将盈利转至离岸地,并能享受当地较低的税率甚至免税,从而发展壮大民营企业。另外,离岸地灵活的信托架构安排易于一些民营企业在海外上市。由于国内要上市必须具备股权清晰的条件,而信托持股因投资人匿名以及容易规避监管而不被中国证监会接受。而美国、我国香港特区等资本市场接受信托持股的架构安排,通过在开曼群岛和英属维尔京群岛进行信托持股的方式,实现股权集中,最后成功在我国香港特区上市。[1]

当然,离岸信托具有的保密性、专业性和灵活性也是积累了巨额财富的国内民营企业掌门人所看重的。在实践操作中,设立离岸股权家族信托的方式较多。委托人可在境外以部分资产设立信托,再由受托人以其自己的名义直接或间接收购委托人在境内的资产,这样委托人就可以将境内资产间接置于境外信托。民营企业通过设立离岸信托,将无法转移出境的资产纳入信托,实现家族财富的保护和传承。

(四)家族办公室是财富管理传承模式的新选择

由于信托机构及私人银行主要提供程式化的金融产品销售服务,并不一定能满足企业主的个性化及保密性的私人需求,因此,目前国内一些顶级富豪模仿欧美国家的做法,以家族基业长期发展和财富代际传承为目的,组建更高端的财富管理模式——家族办公室来为富豪家族提供全方位的财税、金融、法律等专业服务,监督管理整个家族的财富、家族成员教育、人际关系、慈善事业等全方位的家族事务,被形象地称为"家族的管家"。家族办公室可追溯至19世纪的欧洲,后在美国发展壮大,如著名的洛克菲勒家族创立的美国洛克菲勒投资管理公司(Rockefeller & Co.)创立之初便是专门为洛克菲勒家族提供财富管理。家族办公室管理模式在新兴的亚太市场如日本、韩国、中国香港特别行政区等国家和地区也得到了广泛的认可。近期有报道称阿里巴巴副总裁蔡崇信将阿里集团上市后带来的巨额财富交给成立于香港的家族办公室来管理。[2] 另外,美的集团创始人何享健之子何剑锋创立的盈

---

〔1〕 参见王庆武:《家族信托的名人范儿》,载《金融博览(财富)》2014年第8期。

〔2〕 参见《在港砸数十亿美元,蔡崇信建家族办公室》,载中时电子报:http://www.chinatimes.com/cn/newspapers/20150424000101-260203,最后访问日期:2017年4月15日。

峰控股也是这样一家为家族财富增值的金融投资公司。大连万达集团董事长王健林儿子王思聪创立的专注股权投资的普思投资也被视为王氏家族的家族办公室。

在有着悠久信托文化的欧美国家,家族办公室可以作为一个独立的受托主体存在。但是,我国大陆地区对于设立家族办公室仍存在一定的法律障碍。比如我国《信托法》第24条规定,受托人只能是自然人或法人,排除了合伙这种形式。然而,其实家族办公室就是一个集财富管理、法律、财务、证券、保险等方面的人才共同组成的专业团队,特别适合具有的高度人合性、保密性及低成本性的有限合伙形式。另外,根据我国目前的《信托法》,只有信托公司才具有营业信托的受托人资格,因此家族办公室不能成为营业受托人,只能协助信托公司管理家族事务,不仅增加了成本,而且大大降低了其区别于一般受托人在忠诚性、保密性及个性化方面的优势。

综上所述,家族信托由于在我国大陆地区刚起步,上述信托还仅限于单纯的资产信托,而对于整个家族企业的传承管理还有待于现行继承法律制度及现代民营企业法律制度的共同完善。民营企业的可持续发展事关我国的经济发展未来,家族企业应根据实际情况尽早规划,选择适合自己的发展路径,即使是退出企业经营,也可以通过私人银行、家族办公室等对财富进行积极管理,不但可以使家族财富保值增值,还能够使家族成员得到全方位的服务,家族财富仍能够得到有效传承。

消费者团体公益诉讼的司法保障

——兼评中国消费者团体公益诉讼第一案

沈志韬*

消费者团体公益诉讼,主要指法律规定的机关和组织,针对经营者侵害不特定消费者合法权益并损害公共利益的经营行为,而提起的诉讼。根据我国法律规定,消费者协会是提起消费者团体公益诉讼的重要主体。如《消费者权益保护法》第47条、最高人民法院《关于审理消费民事公益诉讼案件适用法律若干问题的解释》第1条均规定,中国消费者协会和在省、自治区、直辖市设立的消费者协会,有权对经营者侵害众多不特定消费者合法权益或者具有危及消费者人身、财产安全危险等损害社会公共利益的行为提起消费民事公益诉讼。

消费者协会提起消费者团体公益诉讼具有其独特的优势:首先,消费者协会是我国组织最严密、管理最科学的社会团体之一,截至2010年年底,我国共成立消费者协会3296个,其中省级消费者协会31个。[1] 其次,消费者协会是获得政府及社会支持最充分的社会团体之一,如《消费者权益保护法》第37规定,我国各级政府应对消费者协会履行职责给予必要经费等支持。因此,完善的分工组织、有力的社会支持,使消费者团体较普通消费者有更强的调研能力和诉讼能力,并能更好地参与消费者公益诉讼。

* 海外国大学法学院讲师,研究方向为民商法、国际法。

〔1〕 参见中国消费者协会网站:http://www.cca.org.cn/,最后访问日期:2017年6月1日。

一、消费者团体公益诉讼第一案的评述

上海市第一中级人民法院审理的"上海市消费者权益保护委员会诉天津三星通信技术有限公司侵权责任纠纷案"(以下简称"上海消保委诉三星公司案")与"上海市消费者权益保护委员会诉广东欧珀移动通信有限公司侵权责任纠纷案"(以下简称"上海消保委诉欧珀公司案"),并称为"中国消费者团体公益诉讼第一案"。[1] 这两起案件的案情及处理结果基本一致,故本文以"上海消保委诉三星公司案"为主要评述对象。

在"上海消保委诉三星公司案"中,上海消保委于2015年3月委托检测机构测试后发现,三星公司生产的型号为"SM－N9008S"的手机共预装应用软件44个,三星公司未告知消费者预装软件的基本信息,也未提供预装软件的卸载途径。上海消保委认为,三星公司的行为侵害了消费者的知情权及选择权,遂起诉请求判令三星公司在该手机的外包装或说明书中明示手机预装软件的名称、类型等信息,并提供预装软件的卸载途径。在诉讼中,三星公司向上海消保委提交了《革新方案》以及《预装软件、包装指示、网站途径、宣传资料、客服培训等革新方法之具体说明》,表示将升级手机操作系统,增加除基本应用软件外的软件卸载功能,并在官方网站上增加预装应用软件具体说明。三星公司还承诺,在未来新产品中除基本应用软件外的其他应用软件将均可卸载,并将改进产品包装、官方网站,充分告知消费者预装软件的情况。后三星公司全面落实了整改方案,上海消保委遂申请撤诉。审理法院认为,本案系上海消保委依法定职责提起的消费者团体公益诉讼,旨在保护消费者在购买、使用手机过程中的知情权和选择权不受侵害。诉讼中,三星公司在官方网站列明了系争手机内存及预装软件信息,并提供了预装软件的卸载途径,三星公司还对其他型号手机中的类似问题进行了整改,故法院裁定准许

[1] 参见上海市消费者权益保护委员会编:《中国消费者公益诉讼第一案纪实与解读》,上海人民出版社2016年版,第1页。

上海消保委撤诉。[1]

上述公益诉讼主要体现了以下特点：第一，诉前充分准备。在选定诉讼方向时，上海消保委分析了当年度消费者投诉情况，发现手机产品是消费者投诉的重要领域。上海消保委围绕手机产品投诉的主要问题，委托检测机构对部分手机进行测试后发现，受试手机均预装有各类软件，生产商一般未告知消费者预装软件信息，也未提供软件卸载路径。基于上述检测结论，上海消保委将诉讼方向确定为手机生产商侵害消费者知情权和选择权的情形。上海消保委还邀请法律及通信行业专家开展研讨，论证诉讼可行性、拟定诉讼基本策略，并最终将预装软件数量最多的三星公司和欧珀公司确定为本次公益诉讼的被告。第二，诉中积极沟通。在两起公益诉讼中，上海消保委多次督促三星公司、欧珀公司进行整改，并搭建"情况通报会""新闻通气会"等平台，为两家公司公布整改方案提供便利，促进两家公司在本案判决前即整改了不当经营行为，减少了司法资源的消耗。第三，诉后效果延伸。在诉讼外，上海消保委还与华硕公司、华为公司、索尼公司、苹果公司等手机生产厂商多次沟通，督促各公司查找与整改类似问题，将两起公益诉讼的效果延伸到整个手机制造业。[2]

二、消费者团体公益诉讼的基本模式

通过对上述公益诉讼的分析，可将消费者团体公益诉讼基本模式归纳为：诉前调查与警告程序、诉中和解与审理程序、诉后效果延伸程序。

第一，诉前调查与警告程序。一些国家的法律规定了消费者团体诉讼的诉前调查、警告程序，即消费者协会在提起公益诉讼前，需向经营者提出书面警告，要求经营者在合理的时间内整改经营行为并停止侵害消费者利益，经营者限期不予整改的，消费者协会再提起公益诉讼。如日本《消费者合同

〔1〕 参见上海市第一中级人民法院(2015)沪一中民一(民)初字第10号民事裁定书。

〔2〕 参见上海市消费者权益保护委员会编：《中国消费者公益诉讼第一案纪实与解读》，上海人民出版社2016年版，第10~20页。

法》第41条规定,“在提起诉讼之前,适格消费者团体应当向将成为被告的经营者提出书面的停止侵害请求……在请求到达的一周以内不得提起诉讼,但是该被告拒绝停止侵害请求时不在此限。”

有观点认为,在公益诉讼前设置诉前调查与警示程序,有利于消费者协会更全面深入地了解案情,并促进经营者在诉讼前整改不当经营行为。[1]我国法律有与诉前警告程序相类似的规定,如《消费者权益保护法》第37条第5项规定:“(消费者协会应当)受理消费者的投诉,并对投诉事项进行调查、调解。”据此,消费者协会应及时调查、调解消费者的投诉事项,而调查调解的过程往往发生在消费者协会提起公益诉讼之前。而在上述两起公益诉讼中,消费者协会也在诉讼前进行了深入的调研,确保诉讼的可行性,还在诉前与三星公司、欧珀公司进行多次沟通,督促两家公司及时规范不当经营行为,并取得了良好效果。

第二,诉中和解与审理程序。从域外司法经验来看,当事人有权在消费者集团或公益诉讼中寻求和解,但应经过法院审查后同意。如美国法规定,消费者集团诉讼中当事人请求和解的,法院应当审查以下内容:和解协议内容是否公平、被告经营者是否有履行和解协议的经济能力、双方当事人是否存在恶意串通以损害他人利益的行为。[2] 根据域外经验可知,消费者团体公益诉讼往往与消费者的整体利益密切相关,故诉讼当事人请求和解的,法院应确保当事人具有真实的和解意愿,且和解协议不损害广大消费者利益。[3]

在“上海消保委诉三星公司案”中,因三星公司主动整改不当的商业行为,故上海消保委向审理法院申请撤诉。审理法院在详细审查了以下内容后,方才同意上海消保委的撤诉申请:一是双方当事人确有和解的意愿;二是

〔1〕 参见肖建国、宋春龙:《消费民事公益诉讼关键问题研究》,载上海市消费者权益保护委员会编:《中国消费者公益诉讼第一案纪实与解读》,上海人民出版社2016年版,第131页。

〔2〕 参见杨严炎:《论美国的和解集团诉讼》,载《环球法律评论》2006年第4期。

〔3〕 参见蔡彦敏、洪浩:《正当程序法律分析》,中国政法大学出版社2000年版,第287页。

三星公司制定的整改方案有利于维护消费者的整体利益；三是三星公司已积极履行了整改方案。

第三，诉后效果延伸程序。消费者团体公益诉讼的目的，不仅在于救济个别消费者的受损利益，还在于充分发挥典型案件影响力，促进行业的所有经营者规范执业，维护消费者整体的公共利益。在诉讼之外，消费者协会可以采取多种措施延伸公益诉讼效果，如在“上海消保委诉三星公司案”中，上海消保委在诉讼外，积极与案外其他手机生产商沟通交流，提示生产商整改问题，督促生产商自觉规范经营活动，充分发挥了公益诉讼的效果，维护了手机用户的整体利益。

三、消费者团体公益诉讼的司法保障

消费者团体公益诉讼是我国新建立的诉讼制度，人民法院也要在司法实践中，在理论研究的基础上，构建符合实践需要的审判规则，为消费者团体公益诉讼提供有力的司法保障。

（一）细化案件受理标准

消费者团体公益诉讼主要针对损害社会公共利益的行为，包括经营者侵害众多不特定消费者合法权益的行为，以及危及消费者人身、财产安全的行为。[1] 因此，诉讼是否涉及“公共利益”，是人民法院受理公益诉讼的重要标准。有观点认为，公共利益具有公正、公平、正当性的内涵，涉及公众的利害关系，是不特定公众共同享有的利益。[2] 根据上述观点，公共利益具有以下3个特点：第一，公共利益具有共享性。一般由共同体内的成员共同享有，对具有公共利益的事物，任何人都有享用的权利。第二，公共利益具有不可分割性。一般以整体存在，即每个人都享有公共利益，且公共利益不能分割给

---

〔1〕 参见王政勇：《消费者团体公益诉讼的司法理念及特殊审判规则的构建》，载《法律适用》2014年第11期。

〔2〕 参见余少祥：《什么是公共利益——西方法哲学中公共利益概念辨析》，载《江淮论坛》2010年第2期。

任何个人。第三,公共利益具有普遍外部效应。公共产品的消费越是普遍化,其外部利益就越大,公共利益受到侵害的,也将使同一社会多数人受到损害。[1]

根据上述分析,人民法院在判断案件诉讼标的是否涉及公共利益时,可采取"三步法"进行判断:第一,诉讼标的是否涉及共享性利益。如果诉讼标的涉及多数消费者的共享性利益,则案件可能涉及公共利益。第二,诉讼标的是否涉及不可分割利益。如果诉讼标的涉及的消费者利益不可分割,则案件可能涉及公共利益。第三,诉讼标的涉及的利益是否具有普遍外部效应。如经营者的不当经营行为导致多数消费者的利益受损,则案件可能涉及消费者的公共利益。

以上海市普陀区人民法院审理的"麦曼(上海)企业管理咨询有限公司与上海华迪文化传播有限公司服务合同纠纷案"为例。在该案中,双方当事人订立了服务协议,约定麦曼公司以"电话营销"加"短信营销"的方式,向消费者推荐华迪公司产品。审理法院在判断涉案服务协议是否涉及公共利益时认为:当事人约定的推广模式主要包括拨打消费者手机、固定电话,以及向消费者手机发送短信;麦曼公司向社会不特定的消费者发送营销信息,其营销方式与公民的隐私权、消费者的权利密切相关,因此涉及了公共利益。[2]审理法院在认定"公共利益"的含义时,即体现了"三步法"的判断标准:第一,麦曼公司给消费者拨打电话、发送短信等方式进行产品推销,该推销模式涉及消费者的隐私利益和消费选择权,该利益为消费者整体共同享有。第二,消费者的隐私利益和选择权具有不可分割性,不能分割由个别消费者单独享有。第三,麦曼公司的不正当推销行为,将可能侵犯全体消费者的利益,具有普遍外部效益。因此,审理法院认定,涉案服务协议及产品推销模式涉及消费者的公共利益。

---

〔1〕 参见刘晓欣:《"公共利益"与"个人利益"的概念之辩》,载《湖北社会科学》2011年第5期。

〔2〕 参见上海市普陀区人民法院(2013)普民二(商)初字第642号判决书。

(二)明确案件裁判的既判力

我国法律未明确规定消费者团体公益诉讼案件的既判力,理论界对这一问题的认识也不相同。有观点认为,应扩张公益诉讼判决的主观范围,即人民法院对公益诉讼作出的判决、裁定生效后,其他当事人在诉讼时效期间又基于相同事实提起相同诉讼请求的,适用该判决、裁定。[1] 另有观点认为,公益诉讼判决应仅具有单向既判力,即在原告胜诉的情形中,判决应有既判力,在其他情形中判决不具有既判力。[2]

经学者考察,世界诸多国家上述问题的立法实践体现了以下特点:第一,多数国家坚持判决既判力相对性原则。如德国、法国、意大利、英国、韩国的法律均规定,消费者团体诉讼生效判决的主观范围仅及于本案诉讼当事人,消费者团体败诉后,不影响其他消费者团体再次起诉。第二,有的国家还规定了胜诉判决援引制度。如德国《禁令诉讼法》第 11 条规定,消费者团体胜诉后,提起个人诉讼的当事人可以援用前诉判决理由对抗被告。[3]

基于我国诉讼法的基本理论以及司法实践的现实需要,就消费者团体公益诉讼的既判力问题,建议我国坚持既判力相对性原则,明确消费者团体公益诉讼判决仅对诉讼当事人生效,同时借鉴德国立法经验适时规定“胜诉判决援引制度”,允许后续诉讼当事人引用在先胜诉判决理由,理由如下:

第一,我国法律间接体现了既判力相对性原则。理论上,我国一般认为司法判决的既判力具有相对性,即判决原则上只对诉讼当事人有约束力,如果第三人就涉诉事项与他人发生争议的,仍有权提起诉讼。[4] 立法上,我国法律虽未明确规定既判力相对性原则,但在一些规定中间接体现了这一原则。如《民事诉讼法》第 124 条第 5 项规定:“对判决、裁定、调解书已经发生法律效力的案件,当事人又起诉的,告知原告申请再审,但人民法院准许

---

〔1〕 参见最高人民法院民事诉讼法修改研究小组编著:《〈中华人民共和国民事诉讼法〉修改条文理解与适用》,人民法院出版社 2012 年版,第 95 页。

〔2〕 同上。

〔3〕 参见陶建国:《消费者公益诉讼研究》,人民出版社 2013 年版,第 40 页。

〔4〕 参见张卫平:《既判力相对性原则:根据、例外与制度化》,载《法学研究》2015 年第 1 期。

撤诉的裁定除外。”根据这一规定,当事人不得对生效案件的争议事项再行起诉,但案外人仍有权对同样的争议事项提起诉讼,即生效判决的约束效力仅及于诉讼当事人,而不及于案外人。为更好地与我国现有理论认识、法律规定相协调,我国有必要在消费者团体公益诉讼中坚持既判力相对性原则,即坚持诉讼判决的效力仅及于案件当事人,并允许案外人针对争议的事项再次起诉。

第二,我国规定了在先裁判确认事实引用制度。根据《关于民事诉讼证据的若干规定》第9条、《关于适用〈中华人民共和国民事诉讼法〉若干问题的意见》第75条第4款的规定,对已为人民法院生效裁判所确定的事实,当事人无须举证。根据上述规定,在消费者公益诉讼中,无论消费者团体是否胜诉,后续诉讼的当事人可直接引用该裁判确认的事实,无须再为收集与在先诉讼同样的证据而重复耗费精力。故建议人民法院审理公益诉讼时,在裁判文书中详细记载案件查明事实,以便后续诉讼当事人引用。

第三,我国尚未规定在先裁判理由引用制度。从理论上看,如经营者的不当经营行为侵害了不特定消费者公共利益,每一位消费者均有权提起诉讼以维护自身权利。如消费者协会率先提起公益诉讼并胜诉的,很可能激励其他消费者提起后续诉讼,后续诉讼也将与公益诉讼在案件证据、案件事实、裁判理由等方面基本一致。故我国有必要在消费者团体公益诉讼中建立“胜诉判决援引制度”,允许后续诉讼的消费者引用在先胜诉判决的判决理由。一方面,能有效避免后续诉讼当事人在收集证据、证明事实、陈述理由等方面的重复劳动;另一方面,也能使人民法院直接参考前案诉讼作出判决,有助于提升审判效率。同时,从司法实践来看,人民法院在一些判决中也已允许当事人引用在先判决的理由。如在最高人民法院审理的“湖北省鹤峰八峰民族药化工业总公司与湖北省八峰药化股份有限公司欠款纠纷案”中,[1]审理法院认为,一审、二审判决书中已提及涉案热电厂的所有权归属。虽然一、二审案

---

〔1〕 最高人民法院(2011)民二终字第30号民事裁定书。

件并非确权之诉，判决对所有权归属的认定也不属于判决主文，但依照最高人民法院《关于适用〈中华人民共和国民事诉讼法〉若干问题的意见》第75条第4款之规定，上述生效判决作出相关认定，无须当事人再行举证、质证，故一、二审中作出司法确认，对本案事实认定及处理结果有根本影响。参照这一案例的理念，就消费者团体公益诉讼生效判决中作出认定，后续诉讼当事人也可以直接引用。

综上所述，就消费者公益诉讼裁判的既判力问题，可作如下归纳：首先，如消费者协会胜诉的，其他消费者可在后续诉讼中直接引用前案确认的事实与裁判理由；其次，如消费者协会败诉的，则其他消费者不受在先判决的约束，可重新选择诉讼策略并提起诉讼。

（三）完善诉讼成本承担机制

从立法实践来看，我国法律并未规定消费者团体公益诉讼的诉讼成本承担问题。从司法实践来看，诉讼费用由法官在判决主文后指定由一方或双方当事人承担，但一般限于原告预交的诉讼费、鉴定费，而不包括原告律师费。如在消费者公益诉讼中继续采取现有做法，并不利于促进消费者公益诉讼制度的发展：一方面，若消费者协会败诉的，将承担全部的诉讼成本，包括诉讼费、鉴定费及律师费等；另一方面，即使消费者协会胜诉，虽可能无须承担诉讼费、鉴定费等，但仍应承担本方的律师费，这容易导致消费者协会诉讼支出与收益不平衡。

为应对上述问题，可从两方面进行思考：第一，当消费者协会胜诉时，由法律或司法解释特别规定应由被告承担全部诉讼费用，包括律师费。从域外立法实践看，有的国家规定，公益诉讼原告胜诉后应由被告承担包括原告律师费在内的全部诉讼费用。[1] 我国虽未在立法中明确规定原告律师费的承担问题，但在特定案件中，最高人民法院已通过司法解释的方式，规定胜诉原告有权向被告主张包括律师费在内的诉讼费，如人身损害赔偿案件，债权人

---

〔1〕 英国、法国、德国、意大利等国法律均有类似规定。参见陶建国：《消费者公益诉讼研究》，人民出版社2013年版，第39～90页。

行使撤销权、实现担保债权案件,侵犯知识产权案件,法律援助案件,[1]以及当事人明确约定由败诉方承担律师费的案件等。故在消费者公益诉讼中,我国可适时参考域外立法经验,在消费者团体公益诉讼中,规定胜诉的消费者协会有权向被告主张全部诉讼费用。第二,当消费者协会败诉时,可由政府特别拨款弥补消费者协会的诉讼支出。在法律性质上,消费者协会为社会团体,并无经营以及营利功能,而根据《消费者权益保护法》规定,各级政府对消费者协会履行职责应给予必要的经费等支持,可见,消费者协会的办公经费主要来源于各级政府拨款。消费者协会在消费者团体公益诉讼中败诉的,自无权利向被告主张诉讼费用,故应由各级政府的特别拨款以弥补诉讼费用。

[1] 参见最高人民法院《关于审理人身损害赔偿案件适用法律若干问题的解释》第17条第3款、最高人民法院《关于适用〈中华人民共和国合同法〉若干问题的解释(一)》第26条、《担保法》第21条、最高人民法院《关于审理著作权民事纠纷案件适用法律若干问题的解释》第26条、《关于审理商标民事纠纷案件适用法律若干问题的解释》第17条、《关于审理专利纠纷案件适用法律问题的若干规定》第22条。

审判中心视野下的法官回避程序探析

孔凡洲*

一、引言

法官中立是实现司法公正的保障举措之一，也是实现审判功能发挥的内部举措。《中共中央关于全面推进依法治国若干重大问题的决定》提出，“推进以审判为中心的诉讼制度改革”，基本目标是“保证庭审在查明事实、认定证据、保护诉权、公正裁判中发挥决定性作用”。最高人民法院《关于全面深化人民法院改革的意见——人民法院第四个五年改革纲要（2014～2018年）》也指出，“到2016年年底，推动建立以审判为中心的诉讼制度，促使侦查、审查起诉活动始终围绕审判程序进行。”可见，审判中心主义已经是我国未来一段时间司法改革的走向，主要围绕侦查、公诉、审判三者关系进行改革，目的是实现“侦查中心主义”向审判中心主义的转变。事实上，公、检、法三机关关系的处理属于审判中心主义的外部关系处理机制，审判中心主义还有内部要素。法官中立，就是充分实现庭审功能，体现审判中心主义的内部要素。法官中立的一个重要保障措施即是科学的法官回避程序。审判中心主义对于裁判机制的要求之一就是由审理者裁判、裁判者审理，即对案件的审理权和判决权归属同一主体，基于此，作为裁判者的法官之回避机制就显得尤为重要。虽然有关法官回避的内容在《刑事诉讼法》《民事诉讼法》和

* 上海外国语大学法学院讲师，研究方向为司法制度，诉讼法和证据法。

《行政诉讼法》中都有规定,但依然未能解决司法实践法官回避的难题。本文在庭审中心主义的视野下考察法官回避程序,必然主要集中于刑事诉讼中法官回避程序的探析。

二、法官回避的必要性

法官回避,是指作为事实认定和适用法律的裁判者与案件存在利害关系或其他关系而对案件带有偏见或者可能带有偏见,则应当丧失对该案的相关职权。可见,职业法官和非职业法官均属于法官回避制度所包含的对象。从广义上讲,法官回避至少应当适用于司法审查程序、预审程序、庭审程序和执行程序。而狭义上的法官回避主要是指法官在庭审中的回避。本文主要探讨狭义层面的法官回避制度问题。法官回避作为回避制度的重要组成部分,就是指承担具体案件审理职能的法官与案件或案件当事人有法律规定的特定情形时,不得参与或者必须退出案件审判活动。司法裁判具有终局性,法官承担最彻底和最终解决社会纠纷的重任,以审判为中心的诉讼理念给法官的中立性提出了更高的要求。同时,审判权是一种判断权,审判活动事实上就是法官的判断活动。判断的过程很少是从前提出发继而得出结论的,判断的起点与这相反——先形成一个不很确定的结论,一个人通常是从这一结论开始,然后努力去发现能够导致该结论的前提。[1] 因此,法官如何形成这个不确定的结论以及此结论是否带有偏见就显得非常重要。法官通过法律职业教育培训和司法实务锻炼,理应具有超然性,无论对何种类型案件,在案件审理过程中都应保持中立性,坚持以事实为根据,以法律为准绳的原则审判案件。因此,从应然的角度来看,作为裁判主体的法官应当具有绝对的理性,恪守职业道德,做到公正无偏私。然而作为社会关系中的自然人,裁判者的人格也具有缺陷,[2] 其不可能完全超凡脱俗,依然会为人情世故所累,应然与实然总存在距离。何况我国现代法官道德新秩序尚未真正建立,法官活动

---

〔1〕 参见[美]博西格诺:《法律之门》,邓子滨译,华夏出版社2002年版,第27页。

〔2〕 参见谢佑平、万毅:《刑事诉讼原则:程序正义的基石》,法律出版社2002年版,第195页。

无可遵循的规范准则,法官缺乏道德责任感与奉献精神。[1]

法官审理与其具有利害关系的案件时,案外因素难免会以各种形式试图影响案件裁判结果,无论存在特定情形的法官是否在实质上受到影响,若由其审判案件,裁判的公正性都会受到当事人和社会公众的质疑。法官即使具有良好的职业道德,责任心强,不徇私情,始终有一颗公正之心,但若没有科学的刑事诉讼结构作保障,有可能不自觉地陷入先入为主或偏听偏信的误区。[2] 法官回避制度,通过具体的程序安排,把在案件审理过程中具有特定情形的法官排除在个案审判程序之外,以有效促进法官保持中立地位,保障当事人获得公正审判的权利,实现程序正义。正是程序决定了法治与恣意的人治之间的基本区别。[3]

纵观人类诉讼制度的发展史,诉讼程序由简单野蛮到复杂文明,实乃不断追求程序公正的历史。诉讼回避作为保障程序公正的制度设计之一,在我国的唐代法典中就有明文规定。《唐六典·刑部》规定:"凡鞫狱官与被鞫人有亲属仇嫌者,皆听更之。"[4] 宋元等朝,也有相似的规定。元朝不仅规定了回避制度,而且还规定了应当回避而没有回避的人员应当承担的法律责任。"诸职官听讼者,事关有服之亲,并婚姻之家,及曾受业之师,与所仇嫌之人,应回避而不回避者,各以所犯坐之。"[5] 可见,在我国古代纠问式司法模式下,统治者已经注意到裁判者与案件存在利害关系时可能导致的弊端,开始意识到回避制度的意义。从横向来看,大陆法系和英美法系国家存在历史传统和法治文化的差异,有关法官回避制度的具体内容设计亦有所不同。如英美法系奉行二元制庭审模式,案件事实由陪审团认定,而在认定案件事实过程中裁决者的主观因素影响更大,因此对陪审员的回避制度规定较为详细。大陆法系的事实认定和法律适用都由合议庭或者独任法官负责,因此,回避

[1] 参见王申:《法官德性是法治之力量》,载《东方法学》2016年第2期。
[2] 参见马贵翔:《刑事司法程序正义论》,中国检察出版社2002年版,第3页。
[3] See Joint Anti-Fascist Refugee Comm. v. McGrath, 341U. S. 123, 179(1951).
[4] 巩富文:《中国古代法官的回避制度》,载《政治与法律》1991年第2期。
[5] 《元史·刑法志》。

制度适用的主要对象是合议庭或者独任庭成员。

由单维度追求实体正义到实现实体正义和程序正义并重,再到程序正义优先理论被认同,体现了社会对程序公正越来越高的期望和要求。在刑事诉讼活动中,程序公正的重要一环就是要求法官恪守中立,任何人不得做自己案件的法官,法官应当听取双方当事人的意见,保障与案件结果有利害关系的人有充分表达自己意见的机会。[1] 法官在审理案件过程中不得对案件任何一方带有偏见,应当同等对待控辩双方。而法官之所以能够中立,其中一个重要的原因就是法官与案件当事人或者案件结果的利益无涉性,任何可能的偏见都应当阻隔在程序之外。因此,在法官与案件的利害关系已是既成事实的情形下,就需要一项完备的制度排除不当因素对案件审判的影响,保障法官的中立性,进而保障案件获得公正的审判。法官回避制度就是在刑事审判过程中,要求那些与案件有利害关系的法官退出对个案的审判,进而排除既成的或者可能的对案件公正审判有不当影响的因素,以保证刑事审判程序的纯洁性,尊重和保障刑事案件当事人对程序权利的要求,实现司法公正。

三、法官回避程序的构成

法官回避关乎司法公正和裁判的可接受性,应当通过程序保障法官在诉讼中的中立地位,进而实现以审判为中心的精神内涵。法官回避应包括以下具体程序。

第一,回避权利和回避对象告知程序。权利公开是权利行使的前提,立法赋予当事人某项权利后,通过法律的公开和特定的告知程序,完成对权利主体所享有的权利宣示。申请回避权是立法赋予当事人的重要诉讼权利,法律赋予申请人申请法官回避的权利,应当从程序上保障该项权利的充分行使。法庭向申请人告知回避对象及其相关情况,是法官回避申请程序开启的前提。申请人只有对回避对象及其情况进行了解之后,才能决定是否提出回

[1] 参见陈瑞华:《刑事审判原理论》,北京大学出版社1998年版,第55页。

避申请。根据提出回避时是否需要说明理由可以分为有因回避和无因回避，有因回避也称为附理由的回避，就是在提出回避要求的同时应说明回避的理由，承担证明存在回避情形的举证责任。无因回避也称为强制回避，是指不需要附带理由的回避。特别是对于回避申请人而言，提出回避不需要说明理由，不必承担证明回避事由存在的举证责任就能够要求法官回避。英美法系国家存在无因回避制度的设计，目前，美国很多州的法律允许某一方当事人在对指定的法官提出回避时，不必同时提出准确的、能够使该法官相信自己不能进行公正审判的事实。〔1〕有些州可能通过一张申请就可以更换一名法官。另外，在美国联邦司法体系和州的法律中，都有关于陪审员无因回避的规定。加拿大也有无因回避制度的规定。〔2〕而大陆法系国家则主要遵循有因回避制度，申请人在提出回避申请时应当同时附加回避的事由。

回避对象的提前知悉是回避制度良好运行的前提。美国建立了对陪审员的预先审核程序，在该程序中，控辩双方可以对陪审员进行调查，为是否申请回避做准备。大陆法系的德国也要求审判长在每一审判程序中向被告及检察机告知法院之成员的情况，并且在时间上要求应当在审判程序开启之一星期前或至迟应当在审判程序开始时。对于审判成员的变动情况也要告知控辩双方。〔3〕告知程序作为法官回避制度的前提程序，只有申请人在了解回避对象及其背景之后，才能进一步决定是否提出回避申请，因此，应当提前告知申请人申请回避的权利和合议庭组成人员与审理案件有关的背景，保障申请人的知情权。告知程序的目的在于从时间和途径上保障申请人提出回避申请的权利。法庭应当在合议庭组成之前，将该案的预期审判人员名单及与行使案件审判权有关的个人情况，如社会关系等告知申请人。给申请人留足调查审判人员相关情况的时间，进而理性地决定是否申请回避。法院在听

〔1〕 参见[美]伟恩·R.拉费弗、杰罗德·H.伊斯雷尔、南西·J.金：《刑事诉讼法》(下册)，卞建林、沙丽金等译，中国政法大学出版社2003年版，第1157页。

〔2〕 同上书，第1148页。

〔3〕 参见[德]克劳思·罗科信：《刑事诉讼法》，吴丽琪译，法律出版社2003年版，第386页。

取申请人意见之后,再正式决定合议庭的组成。在正式开庭过程中,为了保障案件不间断的审理,一般不允许申请人提出审判人员回避或更换审判人员的申请,除非该回避事由是在法定回避申请期限之后出现或者之后才被申请人发现的。

第二,回避程序的启动。启动回避程序是指作为启动主体的申请人提出回避申请,从而正式启动回避程序。法官回避启动程序是指在诉讼过程中,由谁在何时以何种方式向何主体提出申请。申请法官回避是申请人的一项重要权利,法院在开庭前有义务告知申请人有申请回避的权利,并且有义务通过程序保障该权利的行使。

在案件的审判阶段,申请人都可以提出回避申请。虽然我国有关回避权利告知程序规定在《刑事诉讼法》审判编第一审程序中的第185条,[1]但案件的一审、二审、死刑复核程序及审判监督程序中审判人员对案件结果都具有决定性影响。因此,从回避制度的立法本意上可知,法官回避制度不仅适用于第一审程序,还应当适用于二审、死刑复核程序及审判监督程序。申请人应当在这些程序中规定的期间内向有关主体提出回避申请。目前我国《刑事诉讼法》规定的能够提出回避申请的主体主要有当事人及其法定代理人,以及辩护人和诉讼代理人。在英美法系国家,由于控方也被视为当事人一方,因此对于陪审员的回避申请,检察官也有权提出。

回避程序的启动对案件实体和程序都有影响,因此,申请主体要求与案件有直接或者密切的间接关系。申请主体是为了维护自己的合法权益,使案件获得公正审理而要求可能带有偏见的审判人员回避。

就启动回避程序的形式要求而言,回避程序以何种形式启动,不仅应当考虑程序的便利性,还应当考虑程序的严肃性。目前我国法律对此并无明文规定,司法解释规定无论是自行回避还是申请回避,都以书面或者口头方式

[1] 《刑事诉讼法》第185条规定:"开庭的时候,审判长查明当事人是否到庭,宣布案由;宣布合议庭的组成人员、书记员、公诉人、辩护人、诉讼代理人、鉴定人和翻译人员的名单;告知当事人有权对合议庭组成人员、书记员、公诉人、鉴定人和翻译人员申请回避;告知被告人享有辩护权利。"

提出。[1] 而国外对提出回避的形式规定也存在差异。如意大利《刑事诉讼法》第 38 条第 3 款规定回避要求应说明理由和证据,以书面形式向负责作出决定的法官的文书室(而不是向合议庭或者被申请回避对象)提出,并附有关文件。要求的副本在被要求回避的法官所在办公室的文书室中储存。法国对于职业法官的回避申请也采用书面形式,[2] 如第 669 条第 3 款规定所提申请应当指明申请回避的法官的姓名,并说明申请其回避的理由,同时附有支持此项请求的全部有效证明。而德国《刑事诉讼法》则规定回避的申请可以以书面或者口头的形式提出。而无因回避制度中,由于不需要说明理由和提供证据,因此主要以口头方式提出。申请审判人员回避涉及对公权力的监督,特别是审判人员与案件一方当事人存在不正当关系的情形时,不仅涉及该审判人员的回避,还存在其承担纪律责任或者法律责任的问题。因此,必须考虑到该项申请提出的严肃性,并且此类回避申请可能成为事后追究该审判人员责任的证据,因而此类回避申请应当以书面的形式提出,纳入案件卷宗。

第三,回避的审查和决定程序。审查和决定程序对回避制度功能的发挥具有决定性意义。当申请人在知晓申请回避的权利之后,通过对审判人员个人情形的了解,应以该审判人员影响案件公正审判的可能性大小为根据而决定是否提出回避申请。如果申请人决定提出回避申请,则回避进入审查和决定程序。

对回避申请的审查程序决定回避申请是否被准予。在审查阶段,应当由合适的主体对回避事由进行调查。美国有针对陪审团成员回避的预先审核程序。意大利《刑事诉讼法》第 41 条第 3 款也规定,对于回避要求,在必要的情况下,可以先进行适当的调查。法国《刑事诉讼法》则规定决定主体应当

[1] 最高人民法院《关于适用〈中华人民共和国刑事诉讼法〉的解释》第 27 条第 1 款规定:“审判人员自行申请回避,或者当事人及其法定代理人申请审判人员回避的,可以口头或者书面提出,并说明理由,由院长决定。”

[2] 《法国刑事诉讼法典》,罗结珍译,中国法制出版社 2006 年版,第 402 页。

听取检察长的意见,之后再作出决定。日本《刑事诉讼法》第24条规定了申请回避的简易驳回程序:显然仅以拖延诉讼为目的而提出的回避申请,应当以裁定驳回。在此场合,被申请回避的法官也可以参加驳回申请的程序。并且被申请回避的受命法官、地方法院的独任法官、家庭法院或简易法院的法官,可以作出驳回回避申请的裁定。

审查决定程序最终会出现两种决定类型:一是驳回回避申请。对于不符合法定回避事项的,且不存在影响案件公正审理可能性的回避申请,应当驳回回避申请。驳回申请回避的理由主要为:逾期提出回避申请的;在有因回避制度中,未能提出回避理由或者对回避事由未能提供证据证明的;明显为了拖延诉讼程序的。二是同意回避申请,作出申请对象回避的决定。通过审查,对于符合法定回避情形的,或者与案件存在其他关系的,可能影响案件公正审判的,应当作出同意回避申请的决定,更换审判人员。更换法官也应当恪守一定的原则,更换的法官必须是其他能够对案件行使职权的法官,如刑事法官必须是负责刑事案件审判的法官,而不能是民庭或者负责行政诉讼的法官。如果本法院没有能够继续审理该案的法官,则涉及法官的整体回避问题,应通过"异地法官本地审"制度来应对。

第四,回避被驳回的救济程序。回避的救济程序是回避决定主体一旦作出回避决定后,申请人对该决定的异议表达程序。回避救济程序主要针对驳回回避申请的情形,对于准予回避的决定,从两大法系国家的立法来看,没有规定回避适用对象对回避决定不服时的救济途径。[1] 在我国,对于驳回回避申请的决定,申请人可以通过复议进行救济。对于存在违反回避制度的,可以上诉,根据《刑事诉讼法》第227条的规定,第二审人民法院发现第一审人民法院的审理有违反回避制度的,应当裁定撤销原判,发回原审人民法院重新审判。而对于准予回避申请的,适用对象无权提出复议申请。这主要是考虑到回避的目的,回避是将可能的偏见排除在案件审理程序之外,只要存

[1] 参见米镝:《论刑事回避制度——以比较法为视角》,载《河南省政法管理干部学院学报》2011年第4期。

在具有引起偏见的可能性就要回避,这是为了维护法官执业和诉讼程序的纯洁度。不解决法官是否由于利害关系等原因确实对案件产生偏见的问题,若被申请回避的法官为了维护法官职业荣誉,可在其他程序中给予其申辩的机会。

从两大法系对回避救济程序的具体规定来看,在大陆法系国家,日本《刑事诉讼法》第 25 条规定:"对驳回回避申请的裁定,可以提起即时抗告。"德国法上对申请法官回避被驳回的裁定不服时,准许申请人立即抗告。意大利《刑事诉讼法典》第 41 条认为,如果回避的要求是由无权提出此要求的人提出的或者未遵守法定的期限或程序的,或者所援引的理由显然没有根据,法院立即以裁定的形式宣布该要求是不可接受的。对于这一裁定,可以向最高法院提出上诉。最高法院根据该法第 611 条的规定在合议室作出裁决。[1] 而法国《刑事诉讼法典》第 671 条第 2 款和第 672 条都规定,就申请回避作出的裁定,不允许对其提出任何途径的不服申请,裁定依法当然生效。[2] 英美法系因为对回避情形的规定比较宽松,申请人提出的回避申请基本上都能够获得决定主体的认可。因此,立法缺少有关回避救济程序的规定,一旦回避决定作出后,立即生效,任何人不得申诉、上诉。

因此,从世界各国有关回避救济程序的规定来看,主要有复议和上诉或抗告两种途径。复议和上诉或者抗告都是从程序上保障申请人的回避救济权。虽然复议属于行政程序层面的概念,要求对驳回回避申请的决定通过行政程序进行救济,但其证据、理由和首次提出申请时并不会有较大差别,因此,以行政程序解决回避的救济基本能达到救济的效果。但是,对回避决定的复议属于解决新的争议问题,属于救济程序,因此,不应当继续向原主体申请复议。如我国台湾地区"刑事诉讼法"规定,当事人对申请推事等回避经裁定驳回可以提出抗告。所谓抗告即不服法院裁定,请求直接上级法院撤销

〔1〕 参见《意大利刑事诉讼法典》,黄风译,中国政法大学出版社 1994 年版,第 18 页。
〔2〕 参见《法国刑事诉讼法典》,罗结珍译,中国法制出版社 2006 年版,第 403 页。

或变更的方法。[1] 基于复议的性质,其并不能再提出新的证据和理由,可以通过阅卷审查的方式进行决定,因此可以向上级法院院长申请复议,由其以行政方式作出决定,避免通过司法程序决定回避问题而造成诉讼效率低下的可能。这既体现了复议程序的正当性,也保证了复议的有效性。

四、我国法官回避程序的局限及完善

(一)我国法官回避程序的局限

首先,回避申请人承担回避事由存在的证明责任,回避制度被虚置。我国立法关于申请回避的规定不仅要求申请人的申请必须符合法定的回避事由,申请人还必须对该事由的存在进行证明,属于典型的有因回避制度。最高人民法院《关于适用〈中华人民共和国刑事诉讼法〉的解释》(以下简称《刑事诉讼法解释》)第28条规定,当事人及其法定代理人依照《刑事诉讼法》的相关规定事由申请回避的,不仅应当说明理由,还应当提供证明材料。也即在申请回避时,由申请人承担回避事由存在的举证责任。这就导致在司法实践中申请回避制度难以实施。第一,法庭在开庭时才告知其申请人享有申请回避的权利。即使申请人知晓其具有申请回避的权利,但在不召开庭前会议的情形下,法律规定在开庭时才宣布合议庭组成人员的名单,申请人根本没有时间去了解合议庭的组成人员的情况。因此,缺乏时间的保障。第二,当事人及其法定代理人在实务中缺乏有效获取有关回避事由的渠道。最高人民法院《关于审判人员在诉讼活动中执行回避制度若干问题的规定》第5条要求合议庭在告知组成人员名单的基础上告知申请人合议庭成员的职务,但事实上,职务并非回避的因素。而合议庭成员的社会关系、生活习惯、知识背景、宗教信仰等可能对案件产生实质影响的因素并没有被列为告知的范围。因此,几乎所有的回避事由都需要申请人去发现和证明,由于受制于能力和财力等因素,只能眼看着恣意、偏见等因素带入案件审判程序。实证调查表

---

[1] 参见杨粉米:《大陆与台湾刑事诉讼中回避制度之比较研究》,载《西安建筑科技大学学报》(社会科学版)2000年第2期。

明,有的基层人民法院10多年都没有一个刑事案件实施回避,这其中虽然不能排除其他原因,但举证困难很大可能是其中的主要原因。[1]

其次,回避申请的审查和决定机制不完善。从我国现有规定来看,无论是自行回避还是申请回避,只要回避的要求提出后,都需要依法由法定的组织或者个人进行审查,然后作出是否回避的决定,即依法驳回不符合回避情形的回避申请,或者准许该回避申请,始得继续审判程序或者更换法官后继续审判。回避申请一般由回避申请人以口头或者书面的形式向回避对象的审判人员所属的合议庭提出,甚至是向回避对象本人提出。对于不符合法定回避情形的,回避对象本人或者回避对象所在的合议庭就可以当庭决定驳回该回避申请。而经过回避对象的初步审查,认为符合回避情形的,则交由决定权的法院院长或者审判委员会审查决定。决定主体主要依据回避申请书和诉讼笔录对回避申请作出决定。从现行法律的规定看,虽然明确了回避的决定主体,但并没有针对回避申请应该适用的具体程序设计。

我国2012年修订的《刑事诉讼法》第182条第2款确立了庭前会议制度,该款规定:“在开庭以前,审判人员可以召集公诉人、当事人和辩护人、诉讼代理人,对回避、出庭证人名单、非法证据排除等与审判有关的问题,了解情况,听取意见。”相较于1996年修订的《刑事诉讼法》有关庭前准备程序的规定,庭前会议中解决回避问题时,审判人员可以就合议庭的组成人员及其他有关信息告知当事人、辩护人和诉讼代理人,以便申请人及时了解回避事由,以决定是否行使回避权。庭前会议制度对提高诉讼效率,保障集中审理原则和任何人都有权获得迅速审判权的实现有重要意义。然而,这一制度并不能满足回避程序的要求。依据现行《刑事诉讼法》之规定,首先,庭前会议由审判人员以职权召集,是否召集的主动权由法官掌握,强调法官的职权。其次,庭前回避主要是为法官审理案件服务,是为了“了解情况,听取意见”,并不解决程序性问题,具有行政会议的特点。最后,召集庭前会议的法官和

---

〔1〕 参见刘加良、聂广亮:《关于刑事回避制度的改进探析》,载《广东行政学院学报》2005年第3期。

庭审法官属于同一主体,无法摆脱合议庭在是否回避的争议中"做自己案件法官"的境况。

由此可见,我国2012年修正的《刑事诉讼法》虽然建立了庭前会议制度,但该制度基于自身的局限并不能彻底解决法官回避问题,依然要在庭审时或者庭审中才能就回避对象是否回避作出决定。这种采用临时休庭的办法,报送有关领导进行书面决定的回避程序,不仅损害了集中审理的诉讼原则,还导致职权化色彩浓重,无论是否作出同意回避的决定,都难以使申请人信服,损害司法公信力。因此,有必要对庭前会议制度进行完善,使其真正发挥程序审的作用,在该阶段就解决诸如回避等程序性问题。

最后,回避救济机制不完善。在我国,当事人对驳回回避申请决定的异议只能通过向原决定主体提起复议,要求原主体自我否定。在没有新理由、新证据的情况下,基于利益的考虑,通过向原主体复议改变原回避决定的可能性不大。其实,复议是对原决定主体的决定表示不满的行为,因此在有关回避争议的基础上已经出现了新的争议,而在这个新的争议中,原先作出决定的机关也已经成为该争议的当事方。因此,从理论上说,我国现行有关回避复议程序的规定是对案件当事者作自己案件法官的纵容。另外,对于经过复议仍然未被批准的回避申请,依据目前法律之规定,可依据程序瑕疵为由进行上诉,以获得救济。而一旦查明确实存在审判人员应当回避而没有回避的情形,就要发回重审,即意味着所有诉讼行为都归于无效。然而,通过重审可以给当事人应有的救济,但重审意味着当事人要继续花费精力在原本可以一次性解决的纠纷上,这种因为法院的程序瑕疵而导致由当事人承担继续诉讼的行为,事实上等同于由当事人承担司法机关错误行为的不利后果。从理论上讲,在个案中公权力机关以国家政权为后盾可以有近乎无限的资源支撑其诉讼,但当事人的资源相比于公权力机关则是有限的,两者在资源占有方面不能等同视之。

(二)审判中心主义视野下的法官回避程序之完善

第一,借鉴无因回避规则。我国《刑事诉讼法》和相关解释在法官回避事由的立法上不断进步,然而,社会关系复杂,“关系”对法官中立性的影响无孔不入,法律规范无法对回避事由穷尽。因此,立法上在不断通过列举回避事由的方式完善法官回避事由的同时,应当考虑引入无因回避规则,减轻当事人申请回避的难度,充分实现法官回避制度的功能。当事人在诉讼中已说明回避理由的情形下,无须举证,便可实现对某一法官的回避程序,被申请回避的法官应当退出该案的审理活动。为避免滥用该项权利,导致诉讼拖延,当事人虽然不需要举证支持其主张的回避理由,但必须提出恰当的理由以供决定主体裁决,如不能以看不惯某法官或者以法官的高矮胖瘦等为由要求回避。从现有实证研究成果来看,法官回避程序的启动并不频繁,对于同一个合议庭组成人员的无因回避以人均一次为限,如某合议庭有 3 人组成,则回避申请人可以享有 3 次启动无因回避的权利。[1]

第二,实现回避问题庭前解决机制。法官回避规则的目的在于确保法官中立,特别是在审判中心主义理念下,庭审法官直接关乎案件裁判结果的公正性和可接受性。法官回避属于基础性问题,可以确保庭审不间断进行,否则在庭审中随意启动回避,势必影响庭审效率和效果。目前我国应当进一步完善庭前会议制度,法庭决定举行庭前会议讨论法官回避问题的,当事人和辩护人均应当出庭发表意见,当事人及辩护人在庭前会议中对法官不提出回避申请的,一般不得在庭审中提出回避申请,除非发现满足回避事由的新证据。对于应当由当事人在原审中提出回避申请而未提出,却以回避问题为由提起上诉的问题,法律应明确规定提出回避申请的期限,除非在期限内无法完成申请或者在时限之后出现新的证据,否则,在权利人的期限利益已经用尽的情形下,不能以回避为由提起上诉,启动回避制度的救济程序。这一方面可以体现程序的严肃性和稳定性,保障司法公正的价值;另一方面也有利

〔1〕 法国《刑事诉讼法》规定,被告人或其律师以及检察院有权对陪审员提出回避申请,并且实行无因回避,该法第 297 条规定:“不论被告人、他的律师或者检察院,均不得公开其申请回避的理由。”第 298 条规定了无因回避的适用次数,“被告人只能申请五名陪审员回避;检察院只能申请四名陪审员回避。”而对于职业法官的回避,根据第 669 条之规定,采用有因回避制度。参见《法国刑事诉讼法典》,罗结珍译,中国法制出版社 2006 年版,第 307 页、第 402 页。

于减少缠诉滥诉,提高司法效率,节约司法成本。

第三,回避对象与受理对象、决定主体相分离,避免裁判员与运动员为同一主体的现象。一是应完善职权回避制度。立法应当吸收司法解释中关于职权回避的规定,形成申请回避、自行回避和职权回避的回避制度体系;职权回避的决定主体在实践中应当确保职权回避制度落实。二是探索召集庭前会议的法官和庭审法官分离机制,建立预审法官制度,通过庭前会议公开听证决定相关主体是否回避;改革合议庭在回避争议中"做自己案件法官"的境况。三是从救济公信力和救济正当程序而言,对于驳回回避申请的决定,当事人通过复议进行救济的,复议应当向原决定主体的上一级法院院长或者审委会提出。

第四,应当建立责任追究机制。审判人员与案件是否具有应当回避的特定关系,其本人最为了解,只有审判人员的自行回避彻底落实,审判回避的制度价值才能真正发挥出来。〔1〕 立法应当明确规定对于应当自行回避而没有自行回避的法官,以及存在回避事由的情形下故意不作出回避决定的主管人员追究法律责任,而不仅仅是纪律处分,以此倒逼法官回避制度的落实,发挥回避制度应有的功能,保障裁判者公正无偏私地行使审判权,发挥庭审的实质作用。

第五,探索赋予回避对象复议权。回避的功能在于确保法官的中立性,防止裁判者徇私枉法。就回避程序的运作而言,法官自行回避是法官基于自身与案件有利害关系而作出理性选择。然而,申请回避和职权回避中部分事由涉及对法官职务廉洁性的质疑,法官的行为符合特定的回避事由被视为污点。根据我国《刑事诉讼法解释》第 23 条规定的自行回避事由,一般不涉及对回避法官责任的追究,但根据《刑事诉讼法》第 29 条和《刑事诉讼法解释》第 24 条规定的事由,主要属于法官自身存在不当行为,不仅涉及回避,还可能会要受到纪律处分或追究法律责任。虽然法官是否回避与是否追究其责

〔1〕 参见陈明国:《审判回避制度:问题及完善》,载《法律适用》2003 年第 10 期。

任属不同程序中应当解决的问题,但目前我国法官系统依然处于科层制,法官有晋升和考核压力,对于行为廉洁性要求较高。因此,从法官职业保障的角度而言,回避事项中涉及法官行为不当的,决定主体认为回避事由成立,应当给予相关法官申请复议的机会。否则,当事法官便会阻碍回避制度的运作,不利于法官回避程序功能的实现。当然,就法官中立的角度而言,即使复议成功,当事法官也不应再继续审理原案件。

专家证人的行为认知实验研究*

吴旭阳**　姚毅奇***

一、专家证人和行为实验

当今社会飞速发展,分工越来越细,技术越来越高端和复杂。这个趋势已经威胁到法官或陪审员对于案件审理时的事实认定,达马斯卡曾经感言:"伴随着过去50年惊人的科学技术进步,新的事实确认方式已经开始在社会各个领域(包括司法领域)挑战传统的事实认定法。越来越多对诉讼程序非常重要的事实现在只能通过高科技手段查明。随着人类感官察觉的事实与用来发掘感官所不能及的世界的辅助工具所揭示的真相之间鸿沟的扩大,人类感官在事实认定中的重要性已经开始下降。"〔1〕而司法审判作为调整人类社会生活事务的重要活动,涉及更多的是重要的、基本性的纠纷,因此需要进行"更专业""更精准"的事实认定作为审判的基础。随着社会和科技的迅猛发展,医疗、生态环境、电子证据等类型的案件大量增加,相关专业问题越来

---

* 本文为教育部人文社会科学研究青年基金项目《司法公正之行为实验研究》(项目批准号:14YJC820055)、厦门大学人文社会科学"校长基金·创新团队"课题《法理学前沿问题研究》(项目号20720171006)子项目"法律认知科学研究"的阶段性成果;并受到的"生态案件事实认定中的鉴定意见研究"项目(2017年)的资助(委托方为福建省长泰县人民法院、长泰县生态环境损害修复资金管理工作领导小组办公室),也是该项目的阶段性研究成果。

** 厦门大学法学院副教授,研究方向为庭审证据实验、西方法律思想史。

*** 福建省长泰县人民法院院长,研究方向为刑事司法。

〔1〕［美］米尔建·R.达马斯卡:《漂移的证据法》,李学军等译,中国政法大学出版社2003年版,第200页。

越多地挑战审判活动中的事实认定者,在司法审判中越来越需要专门知识的人员作为事实认定的辅助者。

专家证人(Expert Witness)是西方英美法系的特色制度。专家证言作为一种意见证据,而非亲身经历,其在美国《联邦证据规则》第七章中是重点规定的内容。美国《联邦证据规则》第702条规定:"如果科学、技术或其他专业知识,将辅助事实裁判者理解证据或裁断有争议的事实,因其知识、技能、经验、培训或教育而具备专家资格的证人,可以意见或其他形式对此作证。但须符合下述条件:(1)证言基于充足的事实或数据;(2)证言是可靠的原理或方法的产物;(3)证人将这些原理和方法可靠地适用于案件的事实"。

在我国,《刑事诉讼法》第192条第2款规定:"公诉人、当事人和辩护人、诉讼代理人可以申请法庭通知有专门知识的人出庭,就鉴定人作出的鉴定意见提出意见。"最高人民法院《民事诉讼证据规定》第61条也规定:"当事人可以向人民法院申请由一至二名具有专门知识的人员出庭就案件的专门性问题进行说明……审判人员和当事人可以对出庭的具有专门知识的人员进行询问。经人民法院准许,可以由当事人各自申请的具有专门知识的人员就有关案件中的问题进行对质。具有专门知识的人员可以对鉴定人进行询问。"英美法系的专家证人与我国诉讼法规定的鉴定人和专家辅助人存在差异。从外延上看,英美法系的专家证人大致等同于我国的"鉴定人+专家辅助人"。[1]

在英美法系国家,专家证人的范围较广,"专家证人基于通过专业学习或特殊培训而获得的知识和经验提供证据,这些知识和经验允许他们以某种方法对事实认定者感到不明白的数据进行拼合或解释"。[2] 其所依据的知识领域不仅局限于"科学"和"技术",而且囊括了所有"专业"知识。与此相同,专家不被视为狭义上的专家,而是指任何因其"知识、技能、经验、培训和教育"而具备资格的人。因而,该规则范围内不仅包括严格意义上的专家,还包

〔1〕 张保生:《证据法学》,中国政法大学出版社2014年版,第219页。

〔2〕 [美]艾伦:《证据法》,张保生、王进喜、赵滢等译,高等教育出版社2011年版,第721页。

括有时称为“有技能的”证人之大规模群体。专家在事实认定过程中都起作用:[1](1)专家可以生成证据性事实本身。(2)专家可以教导陪审团有关得出证据性事实的推论所需要的专业或科学信息。(3)最常见的,且在我们看来最不合理的是,专家会向事实认定者提供其也许会服从的推论和结论。与诉讼律师作一比较,可以帮助我们了解专家证人参与审判的经历。从1985~1986年的美国加州民事陪审团审判案件中,律师对专家证人盘问的情况,专家在此之前6个月另一个相似案件中作证的可能性是律师经历另一相似案件作证可能性的两倍(42%:21%)。因此,波斯纳(Posner)甚至认为,“由于现代型诉讼所产生的诸多问题在技术上的复杂性,那么,要迈向一种专门化的而非(更大程度上)全能型的法院制度(这种制度也会有自身的问题),大量地依赖专家证人看来是唯一可选择的方式”。[2]

科学知识是“通过提高说明的可检验度,也就是说,通过产生更可检验的理论,提高说明的令人满意程度;所谓产生更可检验的理论,意思是说产生更加富有内容的、普遍性程度更高的和精确度更高的理论”。[3] 在大多数情况下,专家证人(证言)作为一种科学证据,在司法审判活动的事实认定方面起到越来越重要的辅助作用。[4] 甚至在某些类型的案件中,专家证言能够对法官和陪审员的事实认定产生决定性影响。由于专家证人(鉴定人或专家辅助人)在法庭上起到越来越重要的作用,因此对其作用进行较为实证的研究非常有必要。“陪审员们从被采信的有关法庭科学的专家证言中得出了什么样的推理?他们能恰当地理解该证据吗?他们会被该证言所误导吗?该证

〔1〕 参见[美]艾伦:《证据法》,张保生、王进喜、赵滢等译,高等教育出版社2011年版,第721~724页。

〔2〕 [美]理查德·A.波斯纳:《证据法的经济分析》,徐昕、徐昀译,中国法制出版社2002年版,第159页。

〔3〕 [英]波普尔:《客观知识——一个进化论的研究》,舒炜光、卓如飞、周柏乔、曾聪明等译,上海译文出版社2005年版,第221页。

〔4〕 专家证言并不完全等同于科学知识或者科学证据,在多数情况下,专家证言属于科学知识。但是,专家证言在属于经验专业方面,就不属于科学证据。参见马跃:《美国证据法》,中国政法大学出版社2012年版,第192页。

言能否通过那些矫正被发现之任何问题的方式来加以约束吗?"[1]因此,有必要对专家证人在审判中起到的作用进行较为精细的研究。

西方的行为法学进行了一系列的司法裁判实验。美国法学界通过相关的实验,研究庭审过程中的各类问题,尤其是裁判者的定型或偏见(bias,也被称为"认知偏差")问题。其中,比较典型的"模拟陪审员"(mock juror)的裁判实验。美国的行为法学派进行了一系列的"模拟陪审员"实验。此类实验从定型或成见出发,偏重于司法实务,尤其是律师实务。在实验中,研究人员经常组合各个要素进行研究,例如,采用多要素的"2×2×2""2×2×3"等不同组合进行参照比较研究。他们通过设定各种不同的实验场景和要素,进而以数据、图表等形式的实验结果研究现有理论、制度和原有实验数据。这种研究可以提供具体的数据比较分析功能,将不同要素在不同场景下的影响力以精密的数据、图表乃至模型展现出来。

虽然这些行为实验基本上是"模拟陪审员"(部分实验的被试者其实符合司法实践中的陪审员要求)的实验,但由于法官地位尊崇,以法官为被试者显然不可能。因此,相关的"模拟陪审员"行为实验研究具有部分的理论和实践意义。

在大量的行为实验中,有部分就是针对专家证人进行的实证研究。对陪审案件中的专家证人领域进行实验研究,有利于相关问题的数量化、科学化。案件的庭审活动,尤其是事实认定活动是一个充满实践性的活动。其并非只是一种纯粹的形式逻辑推理,更需要进行调查和测试,以便更好地指导实践。直觉性的讨论、理论性的研究具有重要的基础性意义,但还需要实证的较为精密的研究作为必要的补充。因此,本文希望从证据实证和行为科学的角度出发,对现有专家证人制度(我国可以对应的部分是鉴定意见和专家辅助人)的完善进行实证研究,从而对我国的相关制度进行比较研究和思考。

---

[1] [美]罗杰·帕克、迈克尔·萨克斯:《证据法学反思:跨学科视角的转型》,吴洪淇译,中国政法大学出版社2015年版,第63页。

二、专家证人在事实认定中的重要作用

从美国的司法审判实践来看,专家证人(证言)在司法实践中起到了重要的作用。诚如外在的数据和直觉观察的结论那样,在一些具体的行为实验和调查实验中,有部分的结论表明专家证人(证言)能够在司法实践中起到重要的影响作用。还有一些实验证明,专家证人的出现能够提升陪审员对于事实认定的敏感度和怀疑度。

(一)专家证言可采性的调查实验

从宏观来看,专家证人(证言)的内容非常重要。但专家证言从何种程度上,并在哪个方面的特性具有证据法上的可采性(这是英美证据法的证据属性之一),值得进行精细的研究。

一个调查实验对3260个美国联邦地区法院涉及专家证言的案件进行了分析研究。其中,民事案件3060件,刑事案件200件。这次调查实验的目的在于调查专家证言的可采性。所有3260个案例涉及了大量的有关专家证言可采性的实质性讨论。在这些案件中,3种最常见的证言(分别是毒理学类型案件142个,损害性赔偿类案件167个,心理学/精神病类案件134个)用来做对比研究,每种证言提取64个随机案件,一共有192个案件。[1]

调查实验结果表明,被法官最经常谈论的专业特征是专家的能力和专业知识、经验、教育程度。在这些案件中,专业特征在心理证据和毒理证据案件中被提及的比重更大,在损失赔偿案件中则明显较小。在所有的3类案件中,经验和能力是最常被提及的专业特征。此外,在损害类案件中,教育程度、训练、专业评估以及专家的名声等指标相对较少。专家的评估和名声在心理/精神疾病相关案件中被提及的最多。教育程度和训练在毒理和心理/精神病案件中比损害赔偿更多地提及。研究发现,在所有案件中,专家技能

〔1〕 See Mara L. Merlino, Colleen I. Murray, andJames T. Richardson, "Judicial Gatekeeping and the Social Construction of the Admissibility of Expert Testimony", *Behavioral Sciences and the Law*, 26(2008), pp. 187 -206.

和经验都是被考虑的重要因素。但当专家证言更加复杂或者专家专业程度更高时，教育程度、名声和评估将会被考虑。

“多伯特(Daubert)案”对于近年来的专家证人制度产生了重要影响。在这些实验的案件中，“多伯特案”在毒理性案件中被提及的次数最多。而可证伪性和同行评估在毒理性案件中引用的次数是心理和损害赔偿案件的两倍；错误率和普遍接受原则在赔偿损害案件中被提及的次数最多。“多伯特案”规则在心理类案件中被提及的次数相对来说比较少，而普遍接受原则被提及的最多。在抛开“多伯特案”提及的因素后，法官评估事实、数据和各种方法被提及的最多，其次是专家使用其他专家的事实、数据和方式，接下来是专家使用的各种现有并能被证实的事实、数据和研究，是否发现、理论和方式是否与别人一致等。

(二)心理侧写的重要影响

专家证人或证言对于审判的事实认定者的影响有多大？直觉往往告诉我们，这种作用是比较大的，故对此进行精细研究确有必要。行为法学派的实验研究具有一定的参考价值，典型如心理侧写的影响。行为实验在某种程度上能够较为深刻、精确地说明相关问题。

为了了解专家证人的心理侧写在判断犯罪嫌疑人时的影响，有研究者进行了相关的实验研究。[1] 该实验针对227名市民和60名警务人员，完成涉及儿童的性罪行的在线问卷调查。实验设计了两个不同的儿童性骚扰嫌疑人。一个是传统的嫌疑人，被设计成传统的儿童性骚扰者。嫌疑人被形容为44岁的男性，失业，只有一个前女友。相比之下，另一个则是非传统的嫌疑人，是一个社会关系稳定、26岁已婚男性的邮政分拣人员。被试者还被告知，这两个嫌疑人都住在本地，都拥有色情作品。该实验设计为：一半的被试者看了传统的心理侧写，另一半被试者看到非传统的心理侧写文件。然后要

〔1〕 See Laurence Alison, Louise Almond, Paul Christiansen, Sara Waring, Nicola Power and GauleVillejoubert, “When do we Believe Experts? The Power of the Unorthodox View”, *Behavioral Sciences and the Law*, 30(2012), pp. 729 – 748.

求所有人再来估计这两个嫌疑人的概率。此外,他们被询问何种程度上的侧写类似于她们自己的描述罪犯的描述。

在侧写之前的测试中,实验使用混合设计的方差分析来对两类嫌疑人的犯罪等级进行分析,如控制变量中的传统性(传统,非传统)和控制变量中的职业(警察,非警察)。嫌疑人的传统性对犯罪等级没有影响(传统和非传统的嫌疑人在犯罪等级上没有明显的不同)。然而数据表明,警察机关的工作人员(与非警察的被试者相比)推定嫌疑人犯罪等级为更高(即便对传统的嫌疑人)。

而在侧写后,研究发现:

(1)测试材料为"传统嫌疑人"这一组看,被试者对犯罪嫌疑程度的判断和被试者个人侧写的相似度之间没有明显的联系。此外,研究还发现,虽然被认为有罪的传统嫌疑人无主效应,然而时间方面的主效应则具有显著性("侧写前"与"侧写后")。

(2)而对于"非传统的嫌疑人"这一组,重要的是:被试者对犯罪嫌疑程度的判断和被试者个人侧写的相似度明显正相关。对于非传统嫌疑人侧写前后的犯罪嫌疑程度的判断,侧写对它们的关系起到了重要的调节作用。相似侧写对于非传统犯罪嫌疑人侧写前后的犯罪嫌疑认识程度,只是起着部分而非全部的调节作用。

实验结果证明了侧写对陪审团的认知和警察调查工作的潜在影响。首先,虽然警察对于嫌疑人的犯罪嫌疑认知会比非警察(先不论传统性)更多,但被试者中的警察和非警察都被专家的侧写以相似的方式影响到了。其次,对于先前持有罪嫌疑判断的被试者而言,专家的侧写显著影响了他们观点的改变。虽然对于符合专家侧写的嫌疑人,专家的侧写会使得他们的有罪嫌疑得到提升,但对于不符合专家侧写的嫌疑人,专家的侧写也会对他们的有罪嫌疑大大降低。最后,实验发现非传统和一致性之间存在交互影响。因此,对于一个非传统犯罪嫌疑人,专家侧写和个人看法之间的相似度对于有罪嫌疑判断的改变有着重要的影响,但对于传统犯罪嫌疑人而言却不是这样。

在这样的情况下,警察和非警察人员对于专家意见的解读会使用类似的认知策略。因而,警察训练和经验的积累似乎不会改变警察们解读和利用行为专家顾问提供的建议的认知策略。社会支持的认知对人们决定的范围起了很大的影响,个人会变得更加依赖专家的建议。由于是非传统,被试者可能感觉得到较少的社会支持对非传统的嫌疑人的有罪判断,所以可能会认为他们需要来自专家更多的支持。因此罪犯侧写对非传统嫌疑人的有罪推定有巨大的影响,因为个人将寻求和专家分享这个判断带来的责任,来取代社会支持的缺乏。〔1〕

(三)提高陪审员对于证据的敏感性和怀疑度

专家证人通过庭审作证或者质证的方式,能够提高陪审员对于证据的敏感性和怀疑度。典型如陪审员对于复杂化的目击证言证据并不敏感,专家证人能够帮助陪审员提升对于目击证言的敏感度,让他们更加怀疑目击证人的精确性。

一个实验证明,专家证人能够提高陪审员对于证据的敏感性。〔2〕该实验对96名合格且富有经验的陪审员和538名本科生进行实验,播放真实的庭审录像,对于四五名目击证人进行交叉询问。该实验的刺激材料案件是关于武装抢劫贩酒店的案件,基本证据是受害人——贩酒店店员对于被告的辨认。专家提供证言的程序如下:首先,专家证书出示,其作为目击证言的专家被法官所接受。其次,他向陪审团描述在庭审之前研读的案件相关文件。最后,根据《联邦证据规则》第702条,专家向陪审团提供了以下证言:(1)重建本质的记忆;(2)影响记忆的感觉、编码、存储和提取等方面的诸要素。在

〔1〕 See Laurence Alison, Louise Almond, Paul Christiansen, Sara Waring, Nicola Power and GauleVillejoubert, "When do we Believe Experts? The Power of the Unorthodox View", *Behavioral Sciences and the Law*, 30(2012), pp. 729 – 748.

〔2〕 See Brian L. Cutler, Hedy R. Dexter, Steven D. Penrod, " Expert Testimony and Jury DecisionMaking: An Empirical Analysis", *Behavioral Sciences and the Law*, Vol. 7, No. 2(1989), pp. 215 – 226.

“弱辨认”情况下,证人和警察提供的证词是“抢劫犯经过伪装(戴帽子掩盖)”“挥舞枪支”“辨认时距抢劫案已经过去两周”等;且负责列队辨认(lineup)的官员并没有给证人明确提供可以拒绝列队辨认的选择。在“强辨认”情况下,证人和警察提供的证词则是“抢劫犯未经过伪装”“枪支在抢劫时始终掩藏着”“辨认时距抢劫案仅过去两天”、列队辨认指令(lineup instructions)没有提示。上述4项要素会影响辨认的精确性。证人对于辨认抢劫犯的精确度信心,可以在80%或100%中进行选择。在有专家证人那一组中,专家做出了上述的证言。而在没有专家证人的另一组中,控方和辩方律师则重复证言和辨认的测试条件,以最大化自己对于陪审员们的决策的影响。

结果发现,对两类陪审员关于证人证言的证据敏感性而言,专家证人均有影响。专家证人对“陪审团决策的证据效果敏感”“对目击证言的敏感”等这些相关要素的敏感性均有影响。在怀疑性方面,听取了专家证人的陪审员比没有听取的陪审员对目击证言更质疑。在证据可信度比例方面,合格的市民陪审员比大学生陪审员要高,但并不明显。尤其是不管是控方还是辩方,专家证人均提升了目击证言的可信性比例。

相关的实验研究则发现,目击专家证人能够适度提升陪审员对于目击证人的怀疑,即使专家仅对相关的研究做了简单介绍。[1] 这表明,此类专家证人(证言)能够有效激发陪审员的思考能力,对于事实认定的厘清具有较大意义。

三、不同人群或情景差异下的专家证言

专家证人能够达到不同的效果,这不仅是专家证人自己的作用,不同的人群或者情境,也会引发对不同类型专家证言的采信。专家的确在事实认定方面起到了越来越重要的作用,但随着各类专家在庭审中纷纷出现,不同类

〔1〕 See Michael R. Leippe, “The CaseFor Expert TestimonyAbout Eyewitness Memory”, *Psychology Public Policy, and Law*, Vol. 1, No. 4(1995), pp. 909 – 959.

型的专家证言也有不同的影响。在这方面也需要进行相关的研究。例如,有实验证明,在关于性暴力侵犯者潜在危险的实验影响下,不同类型专家鉴定会产生不同的影响。

一个实验进行了这方面的研究。[1] 该实验从南加利福尼亚州被召集的156个合格的公民陪审员作为被试者。被试者划分为3~26组被测试。参加者将观看1个小时的关于一个亚利桑那州真实的性暴力侵犯案件审判的录像放映。演员刻画的心理专家证人(证词),是提供任何临床为基础或根据精算未来风险的专家证词,是在亚利桑那州有执照并经常为法院提供专家证词的心理学家。几乎相同数量的参加者都听到了数量大致相等的临床或精算证词。临床和精算条件专家证明了以下内容:(1)对回答者2~3个小时的采访,被申请人的性生活史的审查;(2)他认为,被告是一个恋童癖;(3)被告有未指定的目的;(4)他认为被告很可能再犯。相同的视频镜头用于专家证词不管条件这一部分。作为实验的关键,临床专家证明他的观点是基于他采访了答辩,而精算专家证明他的观点是基于他利用旨在预测累犯的性犯罪者的两个精算手段。这些精算评估依照的首先是性罪犯累犯快速风险评估,其次是性罪犯风险评估指南。在实验中,陪审员可能不知道他们的偏见有利于临床专家的证词,或者至少无法在他们的决策过程中准确报告。

研究结果表明,在判决比率上,接受临床专家证言的陪审员显然比接受精算专家证词更自信。理性主义者,听到临床证言比听到精算证言者在判决自信上更高。但是,经验主义者中,听到精算证言者比听到临床证言者在判决自信上更高。这项研究表明,相对于更准确的精算专家而言,具有代表性的陪审员更偏好于较少科学有效的非结构化临床专家的证言,当提出更少的精确的专家证词时陪审员对他们的判决书更有自信。实验结果表明,陪审员应该充分重视以更可靠的精算为基础的证词。面对诊所出具的更有说服力

---

〔1〕 See "Dangerously Misunderstood: RepresentativeJuror's Reactions to Expert Testimony on Future Dangerousness in a Sexually Violent Predator Trial", *Psychology, Public Policy, and Law*, Vol. 18, No. 1(2012), pp. 18-49.

的优势证词,鼓励陪审员在处理信息的过程中采用合理有效的方式。

其他实验则表明,模拟陪审员的被试者在不同情境下对不同的专家证人(证言)的接受度不同。在一个实验中对163个被试者进行理性模式和经验模式的研究,发现在理性模式下,更倾向于接受精算专家证言,而在经验模式下则更倾向于接受临床专家证言。[1]

由此可知,理性主义者或者在理性主义的情境下,陪审员可能更倾向于接受精算专家证言。而非理性主义者(经验主义者)或者在经验主义的情境下,陪审员可能更倾向于接受临床专家证言。不同的人群或者不同的场景对于专家证言的采信并不相同,在审判实践中需要注意到相关问题。

四、立场差异下的专家证人

在事实认定方面,对于立场的不同或者"中立",也会引发专家证人(证言)的差异,或者引发事实认定者(陪审员或法官)的某种偏差,这也是一个研究的内容。

(一)不同立场对于专家的影响

立场不同对于部分人而言,可能会产生不同的观察结论。而专家证人作为专业人士,其专业知识或者对专业问题的研究会不会因为立场的差异而产生不同?这是一个重要的而且有趣的问题,值得进行研究。

一个实验针对专家证人的事实认定本身进行了实验。[2] 该实验的一个重要的特色与其他实验不同——被试者本身是专家证人而不是陪审员(或者模拟陪审员),即32个参加临床心理学博士的培训项目的资深研究生。实验的测试材料不仅有刑事案件,也有民事案件;这些材料被设计为模糊不清且

---

〔1〕 See Effects of Rational, Joel D. Lieberman, and Jodi Olson, "The Effects of Rationaland Experiential InformationProcessing of Expert Testimonyin Death Penalty Cases", *Behavioral Sciences and the Law*, 22(2004), pp. 801 – 822.

〔2〕 See Randy K. Otto, Ph. D, "Bias and Expert Testimony of MentalHealth Professionals in AdversarialProceedings: A PreliminaryInvestigation", *Behavioral Sciences and the Law*, Vol. 7, No. 2 (1989), pp. 267 – 274.

有难度。刑事案件是设计为在争执中失手杀人案件,被告及其母亲接收了心理测试。民事案件则是因被告的过失导致原告受伤且精神上受到伤害。被试者收到事实概述、面谈概述、背景信息以及心理测试结果等。案件顺序采用先刑后民的测试方式。然后被试者被随机分为两组各16人,一组是民事原告或检察官一方,另一组是被告方。为了隐蔽实验的目的,被试者被告知该活动是检测律师与精神病专家在心理专业证言方面的互动关系。在事后的访谈中,被试者也未能察觉实验目的。实验的结果是:刑事和民事方面的测试均证明,在"判断结果"与"是否原被告方"之间并无直接关系,两者的区别并不明显。由此可见,在排除利益、政治等方面的要素,仅仅从不同的立场来看,专家证人对于同一事实所作的专业判断基本一致,并不因立场差别而有较大差异。

(二)不同立场专家证人对于陪审员的影响

前述实验表明,不同的立场并不会影响专家的事实认定。但是,不同立场的专家会不会影响陪审员?结果并不乐观。相关实验则表明,对立的专家证人会影响"陪审员的裁决判断"。

该实验以240名符合陪审员要求的市民作为被试者。以2 vs. 3的模式进行研究,"2"就是"原告专家证言的正确性:正确 vs. 不正确";"3"就是"对立专家证人:缺席 vs. 展示/宣讲原告的专家证言 vs. 展示/不宣讲原告的专家证言"。刺激材料是以专业演员进行的模拟审判表演,庭审表演的内容是以一个性侵案例为基础进行改编的内容,并根据实验的2 vs. 3的对照研究需要而编订了6个版本的专家证言作为审判实验刺激材料。控辩双方的律师询问对立专家对于原先专家的评估,对立专家总是认为原先专家的研究并不适合于本案。最终发现,对立的专家证人会影响"陪审员的裁决判断"。[1]

---

[1] See Lora M. Levett, Margaret Bull Kovera, "Psychological Mediators Of The Effects of Opposing Expert Testimony On Juror Decisions", *Psychology, Public Policy, and Law*, Vol. 15, No. 2 (2009), pp. 124 – 148.

(三)法庭(法官)指定专家证人对于陪审员的影响

但是,在原、被告之外,法庭作为在两造之外的第三方,其中立的地位十分重要。因此,超然的地位使法庭指定的专家证人的公信力更高,而且法官筛选的专家证言对陪审员的影响力更大。

相关实验表明,法庭指定的专家证人对陪审员产生较大的影响。[1] 该实验以一个民事案件作为素材,62 名合格的模拟陪审员听取了原告在交通事故受伤的证言,原、被告均提供了有利于己方的医学专家证言。此外,法庭在双方之外还指定了一名医学专家。该医学专家的证言或者有利于原告,或者有利于被告。原告一直被设定为个人,而被告有时被设定为个人,有时被设定为团体。实验发现,陪审员多数情况下与法庭指定专家的判断一致,除非专家有利于团体被告。由此可见,在专业知识领域,事实认定者对于专家存在一定程度的依赖,这个问题并不乐观,但也实属无奈。

此外,在陪审案件中,作为陪审员的事实认定者,其所进行的事实认定的证据其实已经过法官的筛选。而为了验证陪审员审判中的法官作为证据筛选的"守门员"的效果,一个实验进行了模拟陪审员的测试。[2] 由于实验中的这些科学证据经过了法官的认可;实验发现,相比在法庭之外,陪审员因此较少进行严格检验并更容易被这些专家证言所影响。这些发现表明,当法官允许专家证言提交给陪审员时,即使该证据是"质量较低"的证据,陪审员也会受到影响。

作为实验刺激材料的案件是一个儿童使用自行车头盔在事故中死亡,死者父母作为原告指控头盔厂商的产品并不能够提供相关的保护作用。在审判材料中,一个研究报告提交给模拟陪审员。在该实验的第一个实验内容中,由 159 名大学生进行了实验,实验以 3 vs. 2 vs. 2 的模式进行。"3"是指

〔1〕 See Joel Cooper, and Joan Hall, "Reaction of MockJurors to Testimonyof a CourtAppointed Expert", *Behavioral Sciences and the Law*, 2000(18), pp. 719 – 729.

〔2〕 See N. J. Schweitzer and Michael J. Saks, "The Gatekeeper EffectThe Impact of Judges' Admissibility Decisions on thePersuasiveness of Expert Testimony", *Psychology, Public Policy, and Law*, Vol. 15, No. 1(2009), pp. 1 – 18.

“法官作为看门人”中的“明确接受”“明确排除”“暗示接受”3 种情况,“2”是指“研究的有效性”中的“高”或者“低”,第二个“2”是指“信息来源的可信性”的“高”或者“低”。实验表明,在“排除条件”下的被试者,显著低于“暗示采纳条件”下的被试者,而略微低于“明确采纳条件”下的被试者。

第二组实验则以 4 vs. 2 vs. 2 的模式进行。“4”是指“法官作为看门人”中的“明确接受”“明确排除”“暗示接受”“控制”四种情况,“2”是指“研究的有效性”中的“高”或者“低”,第二个“2”是指“信息来源的可信性”的“高”或者“低”。第二个实验发现,对于“暗示采纳”和“明确采纳”之间并没有差异,表明法官的影响比较大。

实验表明,不仅法官接受或者排除科学证据的决定会影响陪审员对于证据的认知,而且法官的接受结果也会影响陪审员的裁决。因为陪审员会认为,法官在科学证据展示给他们之前,已经对其“质量”进行了评估,且任何证据已经高于“证据质量的标准”。陪审员因此对此科学证据较少挑剔,也更容易被其所说服。

五、小结

在上述问题之外,行为法学派实验的一个主要关注点就是“种族”“性别”的不同认知偏差问题,并在各个法律领域进行相关研究。例如,一个关于谋杀案的专家证人实验表明,性别的平均信誉得分有显著差异;男性专家比女性专家获得更高的信誉评级。另一个旨在探究专家证人的性别和证言效价作用的关于两性心理学家和专家证人经历相结合的调研报告,以期提供初步的经验数据来证实性别与证言效价的结合是否会导致针对女性专家的感知偏见。这种偏见的存在可能会降低专家证言以及后续证据的可信度,从而导致决策基于非法律因素,破坏有效发现真相的法律体系。[1] 由于此类问

〔1〕 See Bridget A. Larsonand Stanley L. Brodsky, "Assertive Women as Expert Witnesses – A Study of Assertive and Defensive Responses in Male and Female Experts", *Behavioral Sciences and the Law*, 32 (2014), pp. 149 – 163.

题是美国社会的主要问题,所以也是美国行为法学派研究的主要问题。笔者在此不做详述。

由以上对于美国专家证人的行为实验的分析可以看出,专家证人由于自身具有某一领域的更为专业的知识,其在该领域的分析判断具有更强的“客观性”和“真实性”,但其在审判实践中也会引发事实认定者的偏差。行为实验的模式相对其他实证研究方式更为“客观”“科学”,能够比较精细地得出某些细小的差异,以数据分析的方式对一些重要的问题进行分析,而不是以“直觉”的方式进行研究。因此,相关的专家证人的行为实验研究结论具有较强的参考意义。

对比我国现有的“鉴定意见”或者“专家辅助人”制度。在这两个制度中,鉴定显然是最主要的制度。以前鉴定意见曾被称为“鉴定结论”,后因学界和实务界意识到该名称容易与“完全客观真实”的“结论”画等号,而即使是科学知识也有相对性,且也会有一定误差。因此将“鉴定结论”修正为“鉴定意见”。“鉴定意见”对于提升事实认定的“准确性”起到了重要的作用,在多数情况下防止了部分的冤假错案,但其也并非完全正确。

曾有学者对上百起刑事错案进行统计后发现,错判原因涉及鉴定的(包括虚假鉴定意见和鉴定缺陷)共有44件,占137起案件的32%。他们将54起刑事错案作为样本进行了统计与分析,发现因物证鉴定意见相关问题催生的错案有30起,占总案件数量的55.6%。其中突出表现在:[1] (1)相关物证,包括DNA、精斑、阴道残留物等应提取而未提取;(2)物证提取、保管、使用不当影响鉴定结果;(3)应作而未作DNA鉴定、指纹鉴定等,仅靠血型鉴定进行人身识别,或者因不明缘由鉴定文书未附卷;(4)血型、痕迹等鉴定意见中误将种属认定当作同一认定;(5)鉴定错误,包括技术原因以及人为造假等;(6)鉴定意见与其他证据无法相互印证等方面。由此可见,鉴定意见也有一定的错误率。因此,需要新的“专家辅助人”制度在审判实践中普遍

---

〔1〕 参见徐月笛:《论物证鉴定意见的合法性——从刑事错案和规范分析两个视角》,载《证据科学》2016年第4期。

落地，在庭审中对鉴定意见进行更为“客观”“科学”或者“有力”的质证，以提高事实认定的准确率。

在美国，法院需要确认专家证人是否具有科学上的可靠性，以防止“垃圾科学”(junk science)的出现。[1] 这一点主要是由法官来进行的，甚至可能出现专家证人知识的更新跟不上时代的情况，“专家证言中会产生冲突的另外一个理由是：科学理论、科学技术和调查结果往往是变化的，在某些事例中变化还相当迅速。如果一个科学家过时了，那么其意见就可能与另一位知道最新技术的科学家产生冲突。这种冲突是严重问题的常见来源”。[2] 但是，充当证据“守门员”角色的法官在这些专业知识方面也通常是外行，所以，原被告对立双方的专家证人在庭审中的对抗质证才显得更为重要。

我国在2002年最高人民法院《关于民事诉讼证据的若干规定》就提出了“具有专业知识的人可以协助法院了解案情”。2012年我国《民事诉讼法》中正式引入专家辅助人制度，而2012年修订的《刑事诉讼法》的第192条也对此进行了规定，“公诉人、当事人和辩护人、诉讼代理人可以申请法庭通知有专门知识的人出庭，就鉴定人作出的鉴定意见提出意见”。这些专家辅助人在法庭中一定程度上能够对抗鉴定意见或对其进行质证，从而进一步提升事实认定的准确性。“专家辅助人参与诉讼，对案件专门性问题进行说明，对鉴定人进行询问，辅助质证，使鉴定意见受到一系列庭审规则的制约，打破了鉴定意见‘一言堂’的局面。通过专家辅助人质证，可以避免审判人员‘偏听偏信’、‘暗箱’操作，有助于法官对鉴定意见进行科学认证。”[3] 而专家辅助人制度在法律上进行规定后，在实践中尽快、有效地落地实施，显得较为重要。

当然，专家辅助人或者专家证人也会受到知识和立场的限制，这是我们应当关注的，“这种情形是非常普遍的，因为这些专家都从聘请他们来作证的

---

[1] 参见马跃：《美国证据法》，中国政法大学出版社2012年版，第188页。

[2] [美]沃尔顿：《法律论证与证据》，梁庆寅、熊明辉译，中国政法大学出版社2010年版，第27页。

[3] 张保生：《证据法学》，中国政法大学出版社2014年版，第219页。

一方得到了报酬,当然,律师通常会四处找寻一些支持己方观点的专家”。[1]此外我们还需要注意到,专家证人虽然有重大影响,但是诸多差异条件也会影响事实认定者对于专家证言的采纳程度,甚至会影响到专家自身对于事实的专业认定。因此,我们在司法审判实务中,应该重视相关的差异。

在我国社会经济生活飞速发展的今日,除了传统上的刑事案件外,我国医疗、环境生态、电子证据等类型案件不断增加。专家辅助人制度的落地显得十分重要,在2014年后,部分地区在审判实践中已经纷纷开始试水专家辅助人制度。这能保证各类专业知识在庭审中进行有效的质证,能够较好地在部分案件中提升司法公正、效率和公信力。

---

〔1〕 [美]沃尔顿:《法律论证与证据》,梁庆寅、熊明辉译,中国政法大学出版社2010年版,第27页。

庭审故事模型及其叙事特征[*]

谢晓河[**]

引文

从本质上看,法律是人类的一种交际行为。当事人与律师交流;证人与法庭交流;律师与对方律师,法官,以及陪审团交流;法官与律师以及诉讼当事人交流。这些交流行为大部分均采用我们通常所认为的故事叙述(storytelling)的方式。比如,律师的当事人对其所遇到的法律问题的陈述,或者证人的证词,都符合我们常识中故事(story)的概念。可以这么说,每一个法律案件均始于故事,即律师当事人所叙述的故事,终于法庭或陪审团所作出的司法判决(legal decision),而司法判决从本质上说又无非是在法律框架下对前述当事人的故事进行再叙述。即使是司法意见书(judicial opinion),也无非是从法庭上呈现的众多案件事实中选取"与案件相关的"事实而构建的用以支持法庭立场的故事。而在两者之间则是案件原被告双方在法庭审判过程中叙述以及建构的故事。在庭审过程中,原被告双方以法律所允许的叙事和修辞形式讲述其"真实"的故事,双方的故事或叙事往往处于对抗性或竞争性状态,其目的在于说服法官或陪审团并获得其认可。而陪审团则根据证据以及双方故事的内在连贯性(coherence)等因素判断各方故事的可信

---

* 本文为作者参与的国家社会科学基金项目"认知理论框架下的庭审叙事研究"(12BYY040)的阶段性成果。

** 上海外国语大学法学院副教授,研究方向为叙事学与法律语言学。

度(probability),并进行选择。同时,各种法律文本,如诉讼案情摘要(legal brief)、上诉判决书(appellate judgment)、法律评论等,以及口述性的开庭陈述、最后陈述、交叉诘问等均包含故事和叙事因素。因此,我们可以说,在法律话语中,故事与叙事无所不在,起着重要的作用。

在学术研究领域,早在30年前,密歇根大学法学教授詹姆斯·怀特就曾指出:故事叙述是律师行为的核心。[1] 1981年两位非法学的社会科学研究人员,本涅特和费尔德曼在其关于美国文化中的司法公正与司法判决的研究中,也得出类似的结论:"刑事审判是围绕故事叙事而进行的。"[2] 10年后,科罗拉多大学心理学家彭宁顿和哈斯迪在对通过对司法判决形成(legal decision-making)过程的研究,尤其是对陪审团判决的研究,形成了同样的结论:"故事建构是陪审团做出司法判决的核心认知过程。"[3] 此后大量的研究[4] 也得出相似的结论。这些结论对于从事法律实践的律师来说实际上是显而易见的。每一个律师都知道,其主要的工作就是通过有说服力的故事来获得法官和陪审团的认可,从而赢得案件。那么,为什么故事和叙事会在法律话语中占据如此根本性的地位呢?构成故事或叙事说服力的叙述特征是什么?

---

〔1〕 See James Boyd White, *Heracles' Bow: Essays on the Rhetoric and the Poetics of the Law*, U. Wis. Press, 1985, p. 168.

〔2〕 See W. Lance Bennett & Martha S. Feldman, *Reconstructing Reality in the Courtroom: Justice and Judgment in American Culture*, Rutgers U. Press, 1981, p. 3.

〔3〕 See Nancy Pennington & Reid Hastie, "A Cognitive Theory of Juror Decision Making: The Story Model", *Cardozo Law Review* 13, 1991, pp. 519 – 520.

〔4〕 See Steven Lubet, "The Trial as a Persuasive Story", 14 *Am. J. Tr. Advoc.* 77 (1990); RichardLempert, "Telling Tales in Court: Trial Procedure and the Story Model", 13 *Cardozo Law Review*559 (1991); Anthony G. Amsterdam & RandyHertz, "An Analysis of Closing Argument to a Jury", 37 *N. Y. L. Rev.* 64 (1992); Anthony G. Amsterdam, "Telling Stories and Stories about Them", 1 *Clin. L. Rev.* 9 (1994); Steven Lubet, "Persuasion at Trial", 21 *Am. J. Tr. Advoc.* 325 (1997); Ty Alper et al., "Stories Told and Untold: Lawyering Theory Analyses of the FirstRodney King Assault Trial", 12 *Clin. L. Rev.* 1 (2005); Philip N. Meyer, "Vignettes from a Narrative Primer", 12 *Leg. Writing* 229(2007).

一、叙事作为人类最自然的交际形式

毫无疑问，故事或叙事是我们理解人类经验的基础。南加州大学著名的交际理论学家费希尔在其叙事理论中提出，"人类从本质上说都是故事叙述者"。[1] 故事叙述(storytelling)是人类最古老、最普遍的交际形式之一，因此，费希尔认为，个体是通过叙事模式接触其所处的社会环境，并在此叙事框架下进行决策和行动。在叙事学中，所谓的故事(story)，是指对按时间序列展开的事件或事件集合的真实或虚构叙述。按照亚里士多德的说法，故事必须具有开头、中间以及结尾。为达到解释，传递信息或说服等功能，故事叙述者往往会刻意选择、强调、排列故事中的事件。叙述学家布鲁克斯在谈到这点时说，故事的建构必须能在读者或听者的脑海中建立其故事的开头、中间和结尾之间的关系：故事开头必然引向故事的结尾；故事的结尾必然是故事叙述过程的逻辑后果，同时故事结尾又反过来让读者或听者更好地理解故事的中间部分。[2] 叙事(narrative)则是一个比故事更为广泛的范畴概念，包含故事的建构和接受。故事只是叙事的组成部分之一。按照著名叙事学家查特曼的理解，故事是叙事的内容(the what of narrative)。[3] 除故事外，叙事还涵盖诸如人物、场景、视角等其他成分。

心理学家布鲁纳认为，"我们主要是以叙事的方式，如故事、借口、神话、各种做什么不做什么的理由等，来组织我们的经验以及我们对人类所发生的事情的记忆"。[4] 对于布鲁纳来说，叙事形式是人类用以组织其经历或经验的自然倾向，而这种叙事倾向是内在于我们的语言或心理之中的。因此，叙事之于我们对世界的理解就像我们用肉眼观察事物一样自然。彭斯也表达

---

〔1〕 Walter R, Fisher, *Human Communication as Narration: Towards a Philosophy of Reason, Value, and Action*, U. S. C. 1989, p. 64.

〔2〕 See Peter Brooks, "The Law as Narrative and Rhetoric", in Peter Brooks and Paul Gewirtz eds. *Law's Stories: Narrative and rhetoric in the Law*, Yale University Press, p. 17.

〔3〕 See Seymour Chatman, *Story and Discourse: Narrative Structure in Fiction and Film*, Cornell University Press, 1978, p. 9.

〔4〕 Jerome Bruner. "The Narrative Construction of Reality". *Critical Inquiry*, Autumn 1991, p. 4.

过同样观点,认为叙事结构是“组织和解读人类经验的内在图式”。[1]

但也有学者认为,叙事结构可能并非语言或心理结构的内在机制,而是一种社会性或文化性的建构,用于分享具有共同文化背景的人群的体验或经历。[2] 从这个意义上说,叙事结构具有普遍性,其原因可能在于以下基本事实,即人类个体体验社会现实是按照时间顺序进行的。彭斯就认为,叙事结构与人类经验结构具有契合性:人类行为本身即含有可类比于叙事结构的成分:开头、中间部分、结尾。因此,“行为和故事叙述从本质上说都是按时序的,并且都是具有逻辑的”。[3] 换言之,如果我们按照事件顺序来理解事件或故事,那么,我们就可以理解其中的逻辑。从某种程度上说,叙事结构可以视为人类试图赋予时序性以意义的努力。

无论叙事结构是内在还是外在于语言和心理结构,叙事理论家一致认为,叙事形式不仅具有高度识别性,而且叙事结构通过“预先赋予一般事件和概念以特定的意义,并将其固化为特定的故事”,[4] 使我们可以赋予新的事件或故事以意义。总之,叙事是人们理解人类经验或经历的自然方式。

二、故事与话语

作为理解人类经验或经历的自然模式,叙事同样为法庭审判所涉及对事件的叙述提供特定的结构。由于法官或陪审团必须以特定的方式对法庭叙事进行理解,以便做出相应的司法判断,律师在庭审中就必须为法官或陪审团理解所涉及事件提供特定的结构,以引导其作出有利于己方的审判结果。

在叙事学理论中,我们通常区分“故事”(story)与“话语”(discourse)这两个叙事层面。按照查特曼的定义,“每一个叙事都有两个组成部分:一是故

〔1〕 Robert Burns, *A Theory of the Trial*, Princeton U. Press, 1999, p. 159.

〔2〕 See Anthony Amsterdam & Jerome Bruner, *Minding the Law*, Harvard University Press, 2000, pp. 117 – 118.

〔3〕 Robert Burns, *A Theory of Trial*, Princeton University Press, 1999, p. 222.

〔4〕 Steven L. Winter, “Making the Familiar Conventional Again”, *Michigan Law Review*, 99, 2001, pp. 1628 – 1629.

事，即内容或事件（行动、事故）的链条，外加所谓实存（人物、背景的各组件）；二是话语，也就是表达，是内容被传达所经由的方式。通俗地说，故事即被描述的叙事中的是什么（what），而话语是其中的如何（how）”。[1] 更早前的俄国形式主义者，如普洛普等则使用“本事”（fabula）和“情节”（sjužet）做类似的区分：“本事”指按其实际发生的时间先后排列的事件或事件总和，是故事的素材或者叙事中讲述的事件的总和，而“情节”则指故事组织方式，是事件在叙事话语中得以表达的顺序和方式，是真正讲述出来的故事。这里的关键点是，同一个“故事”可以有不同的话语表达方式。叙事学关注的是，一个“故事”在话语层面上的不同表现方式往往意味着不同的视角、不同的目的性，以及对读者或听者不同的预期效果。简言之，话语既是对故事或事件的处理方式，也是对读者或听者的影响方式，因而，绝不是客观中立的。“故事”与“话语”（或者“本事”与“情节”）的区分也促使我们作为读者或听者认识到，我们对实际发生的“故事”或“本事”的理解并非是“故事”或“本事”的本相，而是“故事”的不同话语表达版本，各有其不同的叙事结构和话语目的。

“故事”与“话语”的区分同样明显体现在法律叙事中。[2] 每一个出庭律师都明白，其主要工作就是将常常是零散混乱的“本事”（fabula）转述为一个无懈可击、令人信服的“情节”（sjužet）。当然，这不是简单地将事件像穿珠子一样穿在一起，而是需要处理其中的不一致之处，寻找不在现场的证据，填补事件之间的空白点，这些均涉及对叙事话语的选择。布鲁克斯曾提到，在这个过程中，“律师会构建假设性叙事以覆盖和解释事件，而这些叙事本身又反过来修正事件，改变其状态，制造其他的事件以填补空白点，并赋予行为以意图。律师同其当事人必须同时既还原又构建故事，而这二者之间的界限显

---

〔1〕［美］西摩·查特曼：《故事与话语：小说和电影的叙事结构》，徐强译，中国人民大学出版社2013年版，第5－6页。

〔2〕在关于故事叙述或故事模式的法学文献中，通常与“故事”与“话语”二分概念相对应的概念是“事件或事实”（events or facts）和“故事”（story）；换言之，法学文献中的“故事”更多地相当于叙述学中的“话语”（discourse or sjužet）。

然不是很清晰的”。[1]

(一)庭审故事的架构

在法学研究中,基于同样的事实而构建不同的话语故事的叙事行为通常被称为“故事框架”(story framing)。[2] 对于同样的事件,不同的人就会有不同的叙述方式,且每个叙述者均认为自己的故事真实描述了自己的所见所为,但每个故事的话语组织方式却可能大相径庭,给听者或读者理解“真实发生的事情”形成完全不同的印象。在文学作品中,故事的不同叙述结构会导致不同的文学效果。但在法庭审判中,采用这个故事而非那个故事,则会带来不同的法律后果,有可能会让一个人坐牢甚至被判死刑,也有可能让其无罪释放。因此,故事的框架问题在法庭审判中极其重要。

首先是故事的构成因素的框架问题。在法庭审判中,故事的组成部分采用不同的框架方式,尤其是对不同描述方式的选择上,往往会导致不同的法律后果。即两个不同的说法可以用于描述同一事件,但法律效应却大相径庭。我们可以以著名的“马里兰州诉拉斯克案”(State v. Rusk)[3]为例。在这起发生于1977年的强奸攻击案中,一名女性佩特(Pat)让一名她在单身酒吧刚刚碰到的男性拉斯克(Eddie Rusk)搭车回家,并在后者的公寓中双方(自愿或非自愿)发生了性关系。在佩特的证词中,她提道,“当我哭泣时,拉斯克将双手放到我的喉咙上,然后让我轻微窒息”。[4] 在法庭辩论中,这个“卡住喉咙让人轻微窒息”的动作,被告的辩护人认为这也可以理解为是一个“用劲较大的抚摸”(heavy caress)。[5] 这两个描述均指被告人将其双手

---

〔1〕 See Peter Brooks, “The Law as Narrative and Rhetoric”, in Peter Brooks and Paul Gewirtz eds. *Law's Stories: Narrative and rhetoric in the Law*, Yale University Press, p. 17.

〔2〕 See Kim Lane Scheppele, “Foreword: Telling Stories”, *Michigan Law Review*, Vol. 87, August 1989: 2073. 但 framing 这个用语更多地指框架形成的过程,而非已经形成的框架(frame)。

〔3〕 289 Md. 230, 424 A. 2d 720(1981).

〔4〕 原文为:when I did, he put his hands on my throat, and started lightly to choke me。摘自“马里兰州诉拉斯克案”判决,载网易博客:http://crime07.blog.163.com/blog/static/554323442008211939418 03/,最后访问日期:2017年5月14日。

〔5〕 See Kim Lane Scheppele, “Foreword: Telling Stories”, *Michigan Law Review*, Vol. 87, August 1989, p. 2086(Note 38).

放置到该女性颈部的动作，但由于判定强奸罪是否成立的一个重要标准是是否存在强制行为(force)，因此，前一个描述相比后一个描述更容易让人得出该名妇女被强奸的结论。这两个描述其实均没有明显的错误。在马里兰州上诉法院的法律意见书中，法官们对此也是意见不一。大法官墨菲认同"轻微窒息"，而科尔法官则认为所谓的"窒息"并非意图使该名妇女失去行动能力。

从这个案件的总体情况来看，拉斯克初审被判有罪，但该判决在马里兰州上诉法院被推翻，然后在更高一级法院拉斯克又被重新确立有罪。在两级上诉法院的司法意见书中，均存在多数意见与少数意见的严重对立。这意味着，"同样"的故事，这个某天夜里发生于巴尔迪摩一男一女之间的故事，对于两次上诉过程中的法官来说，就存在多个不同的版本，导致完全不同的结果：拉斯克要么被判入狱7年，或者无罪释放。为什么同样的"事实"会产生不同版本的故事从而导致不同的法律后果呢？在这个案子中，关键还是故事的叙事组织方式是将故事的整体结构引向"经双方同意的性行为"还是"强奸"。

(二)庭审故事的叙事边界

对事件进行不同的切割，设定不同的起点和结尾，也会导致不同的叙事。按照施佩乐的说法"……在法律故事中，'从哪里开始'具有实质性效果，因其影响故事如何朝着某一法律后果的方向演进"。[1] 一般而言，在法律实践中，我们通常将所谓的"麻烦"(the trouble)开始之时作为故事的开始，然后沿着具有法律关联的事实展开。所谓的"麻烦"是指导致诉讼的系列事件。在"拉斯克案"中，故事的开头将会被设定为佩特与拉斯克首次相遇之时间与地点，而故事的结束则为当夜两人分开之时。介于中间的各种事件则构成此法律叙事的边界。这是标准的法律事实陈述模式或叙事策略。

但如果我们将事件置入更广义的语境中，则会发现叙事的边界又会发生

〔1〕 Kim Lane Scheppele, "Foreword: Telling Stories", *Michigan Law Review*, Vol. 87, August 1989, p. 2094.

变化。在“拉斯克案”中,在推翻拉斯克有罪判决的中级上诉法庭的多数意见书中,故事的开头也是非常标准地设定为佩特遇见拉斯克的场景,但投票维持初审原判的威尔纳法官在少数法律意见书中则将这起强奸案件置入更为广阔的背景语境中,使得整个故事具有一个广角的肇始。威尔纳法官注意到,当时强奸攻击案件呈上升趋势,且受害者面对强奸威胁时大多数采用的言语抗拒,而非物理性抗拒,而全国的执法机构也警告女性在遭遇强奸攻击时不要回击攻击者。在这种背景下,佩特在事发当时没有挣扎反抗这个细节就会显得更为合理,而在传统标准的“窄视角”叙事中,这个细节则更有可能造成“双方同意的性行为”的印象。

那么,为何在像拉斯克这样的案件中,在初审中获得陪审团认可的叙事到了上诉法院又会被逆转呢?案件本身的事实在初审中经陪审团“排除合理怀疑”(beyond a reasonable doubt)后基本上是可以确定的,而上诉法院法官一般并不质疑陪审团作为事实认定者(triers of fact)的有效性。上诉法院法官更多地关注法律性错误,如是否存在被陪审团忽略的故事事件,或者是否存在某些与案件没有关联的事件被错误地引入故事链条。换言之,上诉法院只是用不同的叙事组织方式将故事重新叙述一遍,从而导致不同的结果。而如果上诉法院法官之间存在多数意见和少数的不同意见,则意味着在上诉法院层面上,同一个故事还存在两种相互竞争的叙述方式,只不过是其中一种由于支持的人数多而侥幸胜出。

三、竞争性故事及其说服力

在像英美这样的对抗式审判系统(adversarial system)中,原告与被告(或者公诉人与被告人及其辩护人)叙述不同的故事。原告方律师讲述的故事通常是说,其当事人的生活或利益由于被告的行为而受到负面影响,而被告则必须讲述一个针锋相对的故事,说明原告并未受到任何负面影响,或者原告所谓的损害无法可依,或者说明尽管原告确实遭受了法律确认的损害,但此种损害并非由被告过错导致。对于对抗式庭审而言,这些属于必备情节。也有学者认为，早在庭审之前，诉讼当事人为各自要在法庭上讲述的故事选择合适的证据时，双方之间的叙事竞争便已经开始了。[1]

除原、被告之外，此过程还涉及另一个重要角色，即陪审员。从叙事的角度看，陪审员具有双重的角色：一方面，陪审员是诉讼当事双方的故事的主要听众以及判断者；另一方面，陪审员又必须根据呈堂证据对诉讼双方的故事进行重构。在此重构过程中，对于契合自己的故事框架的证据，陪审员会给予较多的考虑，而对那些与自己的故事框架相矛盾的证据，则会予以淡化，甚至摒弃。而陪审员作为一个团体，即陪审团，也会试图构建一个集体性故事，或者在各方的故事中选择一个比较可信的故事，以便对案件达成一个裁决（verdict）。

在这种对抗式的庭审环境中，为获得有利于己方的审判结果，当事人各方必须尽可能使己方的故事具有更高的说服力和可信度。亚伦就曾提出，“庭审的本质就是各方试图说服陪审团，让其认为己方的故事比对手的故事更有可信度”。[2] 布鲁克斯也曾绕口令般地说，“法律意义上的定罪源于如何说服那些评判故事的人”。[3] 那么，我们如何从叙事形式的角度判断故事的说服力（persusiveness）或者可信度（plausibility）呢？

关于叙事的说服力或可信度方面的研究，主要集中在叙事的形式或结构特征方面。比如本涅特和费尔德曼从一开始就将注意力集中于庭审中讲述的故事的内在结构关系，认为这些内在关系是理解特定故事说服力的关键：“故事的叙事形式对于读者或听者对其可信度的感知具有相当的影响，而无

[1] See Rosemary Coombe, “Is there a Cultural Studies of Law?”, in T. Miller(ed.). *A Companion to Cultural Studies*, Blackwell, 2001, p. 46.

[2] Ronald J. Allen, “A Reconceptualizationof Civil Trials”, *Buffalo Law Review*, 66, 1986, p. 401; Ronald J. Allen, “The Natureof JuridicalProof”, *Cardozo Law Review*, 13, 1991, p. 373.

[3] 原文（“Conviction in the legal sense results from the conviction created in those who judge the story”）中的“conviction”一词既是“定罪”又是“说服”的意思。参见 Peter Brooks, “The Law as Narrative and Rhetoric”, in Peter Brooks and Paul Gewirtz eds. *Law's Stories: Narrative and rhetoric in the Law*, Yale University Press, p. 18。

论其故事本身是否真实”。[1] 而关于故事说服力的具体叙事形式,大多数研究者均着眼于故事的连贯性(coherence),即一个故事的各个部分如何更好地组合为故事整体。费希尔在讨论叙事的特征时几乎是将“连贯性”作为“叙事可信度”的同义词来使用。[2] 彭宁顿和黑斯蒂(Pennington and Hastie)也是将故事的连贯性与其说服力捆绑在一起,[3]其实证研究也发现,注意按照连贯性特征(如完整性)建构的庭审故事能导致更为可预测的判决结果。[4] Burns 的研究也发现,在庭审环境中,在相互竞争的故事中,那些看上去最有可信度的故事对于陪审员决定“事实真相”的影响最大,而连贯性最强的故事同时也就是那些看上去最有可信度的故事。[5]

在上述讨论中,我们注意到,本涅特和费尔德曼认为故事内容本身的真实性对于故事的可信度并不构成影响。波斯纳也持有类似的观点,“故事不必是真实的,但必须是连贯的、可理解的,且有意义的”。[6]彭宁顿和哈斯迪在其一项研究中[7]就同样的案件做了两组模拟法庭实验:首先,在模拟法庭中以故事顺序提交检方证据,而以证人顺序提交被告方的证据,然后让大学生充当的模拟陪审员决定被告是否有罪。其次,以故事顺序提交被告方证据,而以证人顺序提交检方证据,然后让另一组大学生充当的模拟陪审员决定被告是否有罪。所谓的故事顺序,是指案件信息或证据按照原始事件发生的真实时间和因果顺序提交,而证人顺序则是证人按顺序作证,每人向陪审

---

[1] W. Lance Bennett & Martha S. Feldman, *Reconstructing Reality in the Courtroom: Justice and Judgment in American Culture*, Rutgers U. Press, 1981, p. 89.

[2] See Walter R, Fisher, *Human Communication as Narration: Towards a Philosophy of Reason, Value, and Action*, U. S. C. 1989, p. 47.

[3] See Nancy Pennington & Reid Hastie, “A Cognitive Theory of Juror Decision Making: The Story Model”, *Cardozo Law Review* 13, 1991, p. 528.

[4] See Nancy Pennington & Reid Hastie, “A Cognitive Theory of Juror Decision Making: The Story Model”, *Cardozo Law Review* 13, 1991, pp. 546 – 549.

[5] See Robert Burns, *A Theory of Trial*, Princeton University Press, 1999, p. 167.

[6] Richard Posner, “Legal Narratology”, *The University of Chicago Law Review* 64, 1997, p. 738.

[7] See Nancy Pennington & Reid Hastie, “Explanation-Based Decision Making: Effects of Memory Structure on Judgment”, *Journal of Experimental Psychology: Learning, Memory, and Cognition*, 14, 1988, p. 521.

团仅叙事其所知的有关案件信息,而无视这些信息在整个案情中的时间顺序和因果关系。简言之,按故事顺序提供的证据具有连贯性,而按证人顺序提供的证据则由于时间顺序和因果关系的交错而缺乏连贯性,不太容易理解。实验结果显示,在第一种情况下,78%的模拟陪审员做出有罪裁决,而在第二种情况下,则仅有31%的陪审员做出有罪裁决。

这个实验说明,同样的事实,同样的信息,其叙事形式是杂乱无章的还是连贯性强的,显然具有不同的说服力。故事的真实性对于多数听者判断故事的真伪并无显著影响。对故事的说服力具有影响的是故事结构,或者更具体地说,是故事的连贯性。无论实际真伪如何,一个故事越连贯,故事各部分间的连接越清晰,则该故事就越有可能被判断为真实可信。兰博特由此认为,"一方在庭审中提交的故事越有连贯性,则陪审员越有可能接受该方故事而无论证据的信息内容"。[1]这意味着,故事的叙事结构或者说连贯性比证据本身更具有说服力。

四、故事的连贯性

那么,所谓的叙事连贯性到底指什么呢?为更好地理解这个概念,我们将其分为内部叙事连贯性(internal narrative coherence)与外部叙事连贯性(external narrative coherence)。内部叙事连贯性主要包括两部分:内部一致性(internal consistency),即故事各部分之间如何合成为一个故事整体,以及完整性(completeness),即故事是否包含预期的组成部分。而所谓的外部叙事连贯性则是涉及故事与故事之外的事物的关系,通常指故事与法官或陪审员关于现实世界的知识之间的匹配程度。[2]

(一)庭审故事的内部叙事连贯性

我们首先讨论内部一致性。故事的内部一致性主要指故事的各个部分

〔1〕 RichardLempert,"Telling Tales in Court:Trial Procedure and the Story Model",*Cardozo Law Review*,13,1991,p.562.

〔2〕 See Nancy Pennington & Reid Hastie,"A Cognitive Theory of Juror Decision Making:The Story Model",*Cardozo Law Review* 13,1991,p.528.

之间是否相互一致。[1] 这就涉及我们在理解叙事故事时故事整体与部分的相互关系问题。欲理解叙事故事的整体意义,则我们必须理解故事各个组成部分的意义,而每一个组成部分的意义又取决于其与其他组成部分的关系,并最终取决于故事整体的意义。因此,故事各个部分之间不能存在相互矛盾之处,否则故事的连贯性则无从谈起。彭宁顿和哈斯迪还将内部一致性概念扩展到故事框架之外,认为在庭审中,故事框架必须与庭审中证人提供的具有可信度的证据相互一致。[2]

对于庭审故事来说,内部一致性尤显重要。在对抗式庭审过程中,各方很少有机会完整地叙述其故事,因为庭审证据通常是以证人顺序(而非故事顺序)提交的,而证人出庭的顺序并不必然与故事展开顺序吻合。因此,法官和陪审团面对的证据相对于其要构建的故事整体来说是碎片化的,而法官和陪审员则需要首先建立一个试探性的(或者说假设性的),且内部一致的故事结构,并以此试探性故事结构为基础进行适当的推理,试图为故事的各个部分,包括碎片化的证据,提供相互之间的逻辑关联,以使其融合成为一个完整的故事。

如果我们将眼光转到真实的庭审程序,我们可以发现,双方律师在庭审伊始所做的开庭陈述为陪审员提供了此类试探性故事结构,因为双方律师会尽量在开庭陈述中向陪审团传递一个连贯的故事。兰博特认为,这些开庭陈述会诱导陪审员的故事建构。[3] 如果没有开庭陈述,其后以证人顺序提交的证词可能会成为没有说服力的杂乱事实堆积,但开庭陈述提供了必要的语境和故事框架后,这些证词可能会显现出连贯性和说服力。因此,开庭陈述降低了陪审员从随后的证据中构建连贯的故事的难度。不仅如此,在彭宁顿

[1] See Bernard Jackson, *Law, Fact and Narrative Coherence*, Deborah Charles Publications, 1988, p. 58.

[2] See Nancy Pennington & Reid Hastie, "A Cognitive Theory of Juror Decision Making: The Story Model", *Cardozo Law Review* 13, 1991, p. 528.

[3] See RichardLempert, "Telling Tales in Court: Trial Procedure and the Story Model", 13 *Cardozo Law Review*, 1991, p. 564.

和哈斯迪的故事顺序与证人顺序模拟庭审实验中,部分大学生模拟陪审员报告说,在听取开庭陈述后,他们就对整个案件形成了倾向性意见,且最后的裁决几乎同最初的倾向性意见一致。[1] 由此可见,开庭陈述对陪审员建立初步的故事框架具有重大的影响。在这种初步故事框架建立之后,陪审员会更容易接受与其所倾向的故事结构相一致的证据或证词,因为,这些证据或证词更容易帮助其建立故事的内部一致性。总的来说,如果庭审中一个故事因缺乏一致性而导致故事的各个成部分之间无法建立关联,则该故事会被视为可信度较低,没有说服力,从而在庭审故事竞争中遭到失败。

叙事的内部连贯性的第二个方面是叙事完整性。所谓的叙事完整性是指故事在结构上应具备其应该具有的要素或组成部分[2]。简单地说,故事可以描述为用因果关系连接起来的事件因果链,故事可以是由若干个情节(episode)构成的。[3] 而情节又是由履行不同功能的事件通过不同的因果关系连接而成的。比如,如果我们将某一事件设定为故事或情节的开头,则该事件会被认定为初始事件,初始事件导致故事人物(在庭审故事中则为当事人)产生一定的心理反应,而这种心理反应反过来促使故事人物形成某种动机,并采取相应的行为或行动,从而导致某种后果以及伴随状态。比如在酒吧中,甲乙2人互不认识,甲试图搭讪乙的随行女性朋友,且存在言语冒犯(初始事件),乙非常愤怒(心理状态),掏出小刀(行动),试图威胁甲(目标),甲退出酒吧(后果)。我们可以说这是一个完整的故事,但如果放在一个更大的故事框架中,上面的故事也可以成为这个更大的故事的一个情节,

[1] See Nancy Pennington & Reid Hastie, "Explanation-Based Decision Making: Effects of Memory Structure on Judgment", *Journal of Experimental Psychology: Learning, Memory, and Cognition*, 14, 1988, p. 521.

[2] See Nancy Pennington & Reid Hastie, "A Cognitive Theory of Juror Decision Making: The Story Model", *Cardozo Law Review* 13, 1991, p. 528.

[3] See Tom Trabasso & Paul van den Broek, Causal Thinking and the Representation of Narrative-Events, 24, Journal of Memory & Language, Vol. 24(5), 1985, pp. 612 - 614.

这是因为故事是一个由内嵌的情节构成的等级结构。[1] 比如甲感到受到羞辱,随后纠集人员回到酒吧意图报复,并在争斗中造成乙的死亡。在这种情况下,我们的第一个例子只能算是这个更大的故事中的初始事件。

由于故事建构是我们理解人类行为的普遍性策略,因此,故事中情节的结构对应着我们关于现实世界中人类的行为序列的知识的结构。陪审员在理解和重构庭审故事时会参照其已经获得关于故事结构的知识,判断庭审故事中各个情节的相互关系以及庭审证据所意指的因果关系,并进行适当的因果链推理以弥补故事中情节结构中的空白点。最主要的是,对于故事结构的预期会促使陪审员判断哪些信息是缺失的,哪些推理是必须完成的,从而判定证据的完整性,或者故事结构的完整性。如果一个故事在结构上是不完整的,那么,即使这个故事具有内部一致性,也是缺乏说服力的。费希尔注意到:"一个故事可以具有内部一致性,但重要事实可能被遗漏,抗辩理由被摒弃,关联要点被忽略。"[2] 缺失信息,或无法进行合理的推理,都会降低故事的解释力。

彭宁顿和哈斯迪在其庭审故事模式研究提到,决定故事可接受度的两个确定性原则是覆盖面(coverage)和连贯性(coherence)。两位作者讨论的连贯性概念基本等同于本文论点,而其覆盖面概念则并列于连贯性概念,意指庭审故事在多大程度能够融合庭审过程中提交的证据。其观点是,故事对证据的覆盖面越大,则故事的可接受程度就越高;反之,如果庭审故事无法融合很多证据,则其可接受程度显然较低。[3] 但从我们上面讨论的彭宁顿和哈斯迪的内部一致性扩展概念来看,这意味着,被排除的证据与庭审故事存在内部一致性问题。另外,对于庭审故事来说,对证据的最大解释力应该是制

---

〔1〕 See Tom Trabasso & Paul van den Broek, "Causal Thinking and the Representation of Narrative-Events", 24, *Journal of Memory & Language*, Vol. 24(5), 1985, p. 627.

〔2〕 Walter R, Fisher, *Human Communication as Narration: Towards a Philosophy of Reason, Value, and Action*, U. S. C. 1989, p. 47.

〔3〕 See Nancy Pennington & Reid Hastie, "A Cognitive Theory of Juror Decision Making: The Story Model", *Cardozo Law Review* 13, 1991, pp. 527 – 528.

度性的要求。因此,笔者认为,故事对证据的覆盖面应该是庭审故事完整性的一个方面。

(二)庭审故事的外部连贯性

叙事的外部连贯性涉及故事本身与故事外部因素之间的对应关系,同样也是构成故事的可信度以及说服力的重要因素。鉴于此,莱德奥将其称为"叙事对应性"(narrative correspondence),意指故事与法官或陪审团记忆中关于现实世界中事情通常如何发生的知识之间的对应关系。[1] 彭斯则将其称为"外部事实性可能性"(external factual plausibility),认为庭审故事应该能够给予法官或陪审员一种"事情这样发生是可能的"的感觉。[2] 由于法官和陪审员对现实世界事件的典型性知识存在个体差异,本涅特和费尔德曼进一步认为这种叙事故事与外部知识之间的对应关系还应该具有规范性,即叙事故事所对应的应该是具有社会规范性的关于现实世界事件的知识[3]。我们在判断一种叙事化行为模式是好或坏时,所参照的不应该是社会个体天马行空式的主观臆断,而应该将其与社会普遍接受的叙事模式进行比较,并进行价值判断。因此,叙事外部连贯性并非是对叙事故事进行指称性的真值判断。在叙事学中,笔者知道,叙事的可接受性并不依赖于其与现实世界中的事实的吻合程度。叙事的"真值"取决于"相似度"(verisimilitude),而非"可验证性"。[4] 在文学中,现实主义作为一种文学规约,并非是对真实世界的指称,其关注的并非是现实主义描写是否为真,而是这些描写在现实世界中或某一可能世界中是否是可能的。

同样,庭审故事对应的也并非是实际发生的事件,而是人们关于现实世界中可能会发生的事件或通常会发生的事件的背景知识。在叙事学中,这些

---

〔1〕 See J. Christopher Rideout, "Storytelling, Narrative Rationality, and Legal Persuasion", *The Journal of the Legal Writing Institute*, Vol. 14, 2008, p. 66.

〔2〕 See Robert Burns, *A Theory of Trial*, Princeton University Press, 1999, p. 168.

〔3〕 See W. Lance Bennett & Martha S. Feldman, *Reconstructing Reality in the Courtroom: Justice and Judgment in American Culture*, Rutgers U. Press, 1981, p. 57.

〔4〕 Jerome Bruner. "The Narrative Construction of Reality". *Critical Inquiry*, Autumn 1991, p. 13.

背景知识也可以称为“范本故事”(stock story)或者“叙事脚本”(narrative script)。对于庭审故事,法官或陪审员验证其可信度并非是通过实际事件进行经验性核查,而是将庭审故事与自己脑中存储的涉及同类事件的“范本故事”或者“叙事脚本”进行比对。杰克逊(Jackson)曾说,“外部叙事连贯性涉及证人所述故事与构成陪审团的社会知识库的其他故事的比较。如果一个故事与陪审团的社会知识库中某个叙事模式之间存在相似性,则该故事会显得具有可能性”。[1]

比如在前述“拉斯克案”中,我们可以发现其中的一个关键点是法官对女性在特定情况下应该具有什么样的行为的看法。按照布鲁克斯的看法,这种看法属于一种潜意识的文化信念(doxa),构成我们日常叙事解读的基础。[2] 在“拉斯克上诉案”中,法庭的法律意见书将女性当事人佩特描写为“一个正常的、聪明的、强壮的21岁女性”(a normal, intelligent, twenty-one year old vigorous female),这些叙事描写暗示了持多数意见的法官们的共同信念:强壮年轻且具有一定智商的女性在面对男性攻击者时通常应该具有什么样的行为反应(应该予以反击),而该当事人并没有此类典型行为,故法官认为其故事不具说服力。如果按照前述威尔纳法官的观点,则佩特的故事又是具有可信度的,但佩特的故事要想胜出,前提是威尔纳法官的观点成为多数法官的共同信念,或者更进一步说,成为社会主流信念。

(三)法官对陪审团的指引与外部连贯性

在当事人主义主导下的对抗式审判程序中,在开庭陈述之后,经过控辩双方举证、交叉质问、陪审团提问、最后陈述[3]等阶段后,将进入法官指导陪审团阶段。该阶段涉及按照法官对陪审团指引文件(judge's instructions),

---

〔1〕 Bernard Jackson, *Law, Fact and Narrative Coherence*, Deborah Charles Publications, 1988, pp. 58 - 59.

〔2〕 See Peter Brooks, “Narrativity of the Law”, *Law and Leterature*, Vol. 14, No. 1, 2002, p. 4.

〔3〕 同开庭陈述一样,最后陈述阶段是律师将其提交的证据组织为一个连贯故事的最后机会;同时,律师也会对对方的证据进行处理,要么将其吸收到自己的故事中,要么重新解读对方的证据设法让陪审团相信这些证据与案件无关。

了解和学习适用法律以及各种指控罪行范畴(如一级谋杀、武装抢劫等)的定义。法官对陪审团指引涉及的指控罪行范畴的各种构成要件,如当事人、心理状态、情节,以及行为(identity, mental state, circumstances, and actions)与我们前面讨论的故事情节的结构要素(初始事件、心理状态、目标、行为等)实际上是非常相吻合的,这并非巧合,而是因为无论故事还是犯罪罪名均是对人类行为序列的文化性描述。

法官对陪审团的指引在庭审的故事模式中是一个很重要的环节,因为,陪审员要根据庭审证据将其所接受或建构的故事必须最终能够与法官所提供的指引文件中某个指控罪行相匹配。[1] 在这个过程中,陪审员会将故事的情节结构(episode structure)与某个指控罪行的构成要素进行比对。比如,假设庭审故事中提到"被按到墙上"这么一个情节,那么,陪审员就必须判断这个情节是否与正当防卫所要求的情节"无法逃脱"相匹配,从而判定被告行为属于正当防卫,而不属于杀人罪。如果最终比对成功,则陪审员会使用该罪行作为其故事的范畴标签,由此形成其最后裁决。这好比陪审团建构了一个故事,现在需要给这个故事取个标题,一旦标题取好了,则意味着一个符合法律要求的故事最终完成。

这个比对过程也是个陪审员动态调整其故事的外部叙事连贯性的过程,只不过所参照的故事外因素变成法官提供的指引文件中的各种指控罪行范畴而已。陪审员在了解相关的指控罪行的构成要素之后,可能会发现原来难以纳入其故事框架的某些事实根本就是不相关的,原来觉得难以处理的某些推理上的空白点也好像不是很重要了。当然,也有可能陪审员认识到其故事无法与指引文件中的任何指控罪行相吻合,那么就需要对之前推理上的空白点或者之前被忽略的证据进行重新解读,以便重新构建一个能够比对成功的故事。更有甚者,某个陪审员在庭审过程中强烈感觉到其参与的案件就应该是某个罪行,然后在了解该罪行的构成要素之后对自己的故事进行相应的调

〔1〕 See Nancy Pennington & Reid Hastie, "A Cognitive Theory of Juror Decision Making: The Story Model", *Cardozo Law Review* 13, 1991, p. 529.

整。从这个角度来看,法官给陪审员的指引文件构成了庭审故事连贯性的最后标准。

五、结语

故事本身并不一定就是事实,故事更多是一种了解和讨论事实的方式。在叙事活动中,我们按照约定俗成的方式将社会或生活经历组织成为人们能够理解的故事,从而使叙事成为人际沟通的最自然方式。法律作为人际理解和交往的话语系统之一,同样涉及故事叙述。故事叙述的关键是故事的可信度、说服力,要把故事说得让人不得不信,已达到影响案件审判者的最终判断,实现有利于自己的目的。法律实践者如律师均明白故事叙述的重要性,而正统的法学理论研究似乎非常注重捍卫自身的自主性,对交叉学科如法律叙事学持戒备态度。但法律叙事学不仅适合于对庭审竞争性故事叙述的分析,也适用于分析其他法律文件的叙事因素,或者其他类型的话语如叙事文学中出现的法律成分。法律叙事学也广泛用于从文化的角度分析边缘群体的个人叙事与主导型法律话语之间的融合,以提高外部人在法律话语中的声音。同时,法律叙事与其他文化叙事之间的融合也正在获得学界的关注。

从侵权到犯罪

——刑法起源的考古学探究

王伟臣 *

一、犯罪起源于侵权

我们知道,刑法意义上规定的"罪",有其特定的意指和范畴,并不完全等同于道德、宗教以及习俗的罪恶。但在人类社会早期,法律、道德、宗教、习俗等社会规范混同的那个原初时代,"罪"的观念必然也是混同的。那么究竟什么是罪,由谁来规定,罪的观念是如何产生的？这几乎是一个无从可考亦无法解释清楚的问题。所以我们首先要把这个问题具体化,从犯罪行为的表现形式进行演绎式的分析。

《乌尔纳姆法典》中规定了杀人、抢劫、绑架、强奸、故意或过失伤害等犯罪行为,这些行为似乎是从古至今在世界各地都不断发生着的犯罪,其普遍性和永恒性本身就彰显着一个不言自明的道理:犯罪仅是手段工具而并非意图目的。杀人并非仅仅为了杀人本身,而是为了从被害人身上获得某种利益或者通过被害人肉体上的消灭从而满足某种利益期待;抢劫的目的更为直接明显,就是为了获得财物;绑架同样是为了获得财物;强奸作为现代刑法体系中典型的性犯罪,在人类社会早期却可能具有实际的社会功能,按照哈佛大学生物人类学家理查德·沃尔汉姆(Richard Wrangham)《暴力雄性——人类

* 上海外国语大学法学院副教授,研究方向为比较法律文化、法律人类学。

社会的乱源》一书中对强奸行为的解读,没有从头至尾参与攻击行为的男人,可能被视为懦夫,别人自然可以勾引他们的性伴侣(妻子),而集体突袭的目标除了杀人之外,更是要绑走妇女,轮暴她,然后再当作礼物送给某人当妻子。沃尔汉姆由此得出结论,致命偷袭行为的目的似乎是让偷袭者能成功地传递遗传基因。[1] 除此之外,残存的《乌尔纳姆法典》似乎遗漏了人类社会另一普遍存在的犯罪——盗窃。总之,诸种作为手段工具的犯罪行为均以占有或满足某种利益期待为目的,这种利益期待就是权利。

梅因在其名著《古代法》中曾系统考证过侵权和犯罪的早期史。虽然他所参考的《条顿法典》和《十二铜表法》实际上都是国家出现之后比较成熟的法典资料,但笔者认为,梅因关于侵权和犯罪在法律起源阶段的区分在今天看来依然成立:

> 如果一种侵权行为或不法行为的标准是:被认为受到损害的是被损害的个人而不是"国家",则可断言,在法律学幼年时代,公民赖以保护使不受强暴或诈欺的,不是"犯罪法"而是"侵权行为法"……触犯"上帝"的罪行的概念产生了第一类的律令;触犯邻居的概念产生了第二类的律令;但触犯国家或集成社会的观念,并没有一开始就产生一个真正的犯罪法律学。[2]

如果犯罪法起源于侵权行为法,那么犯罪也就直接起源于侵权。

二、侵权:私有制出现和发展的必然结果

(一)原始公有制

侵权产生的必备条件自然是"权"的出现。在民法尚未诞生之时,人类应该就具有与生俱来的生命健康权。这种单纯的人身权利与人身直接相关

---

[1] See Richard Wrangham and Dale Peterson, *Demonic Males: Apes and the Origins of Human Violence*, Houghton Mifflin Harcourt, 1997, pp. 70 – 75.

[2] [英]梅因:《古代法》,沈景一译,商务印书馆1959年版,第209页。

而没有经济内容的权益。所以在经济权利产生之前,相信也不会有人为了侵权而侵权,毫无目的和期待的侵犯他人的身体和生命。当然,并不排除在人类社会早期,在极端条件下出现过人吃人的现象,但应该都是极其偶然的个案。故意的有明确目的的侵权行为必然是私有制出现之后的事情。距今200万年的奥杜韦(Oldowan)游团(Bands)[1]在野兽出没的沼泽山林过着风餐露宿,甚至食不果腹的艰难生活,最为基本的温饱都解决不了,所以也就没有个人私有财产的问题。这种局面不论是到了150万年之后的北京人,还是距今10万年的尼安德特人,甚至是2万年前的与我们同属晚期智人的山顶洞人,都没有发生实质性的改变。山顶洞人身披的用骨针缝制的皮毛虽然属于个人用品,但由于游团为每位成员均提供了这种御寒衣物,所以这应当属于原始的公有制。

(二)私有财产的出现

直到1万年前发生了农业革命,游团发展出了种植农业和畜牧业,开始定居生活,所有权开始萌芽,原始公有制逐渐向私有制过渡。伊朗扎格罗斯山脉丘陵地带的某一游团于1.1万年前的一个夏天搬离了沙尼达尔(Shanidar)山洞,迁徙到名为扎维舍尼(Zawi Chemi)的开阔地带。当游团成员开始定居于扎维舍尼时仍然保持着"群居"的思维方式,可是开阔的丘陵地带没有任何遮挡,考虑到当时有限的经济条件和生产能力,人们无法建造出如同沙尼达尔山洞般大小的可以容纳整个游团成员的大型棚屋,因而游团群体无法继续按照洞穴的居住习惯继续生活。无奈之下,只能按照单个家庭兴建小型的椭圆形或圆形的居住房屋,人类历史上第一次形成了个体家庭的私密空间,这也为私有制的出现奠定了基础。每当冬季到来,村民们再次搬

〔1〕"Band"这个词在英文中的原义是指一群人,因而在汉语学界有着不同的译名。比如谢维扬将之译为"群队",而易建平的译法则是"游团"。应当说,在当代文化人类学家的著作中,"Bands"多是用来指定居社会以前的一种社会组织。在那个时期,人们通常需要四处游荡寻找食物,考虑到当时的自然条件,人们应该以团队的形式进行采集或狩猎,所以笔者采易建平的译法,认为"游团"更为贴切。参见谢维扬:《中国早期国家》,浙江人民出版社1995年版,第172页;易建平:《部落联盟与酋邦》,社会科学文献出版社2004年版,第158页。

回洞穴时,就会发现人们仿佛是住在宿舍或旅店里。因而家庭开始真正地独立出来,这种变化一方面与房屋结构有关,另一方面则跟私人财产有关。房屋的结构本可以建得大一点,当然小结构的房屋更容易建造。于是,人们彻底从洞穴中搬出来,为他们的家庭成员获得一个私人空间。这是一种人的本能。这种倾向于更具组织化的生活的发展同样表明了人类对秩序的需求。但还有一点,即对财产的欲求。[1]

如果说扎维舍尼的小型房屋遗存仅仅表明可能出现所有权的萌芽,那么,巴勒斯坦的纳吐夫(Natuf)文化则有明确证据证明了私有财产的出现。考古学家在50多处房屋遗存的下层发现了200多座墓葬。一次葬中以单人葬为主,还有成人合葬和成人与小孩的合葬。葬式有微屈或坐式两种。二次葬的人骨上常常有红矿石。随葬品以个人装饰为主,如羚羊角、齿状贝或羚羊趾骨串成的项链、骨饰等。[2] 这些随葬品是私有财产确确实实出现的证明。

(三)平等的私有制

但是私有制的出现并不直接意味着侵权行为的发生,因为人们的经济条件在很长一段时间里是大体相同的。位于土耳其境内的距今7200~9300年的加泰土丘(Catal Hoyuk)遗址于20世纪60年代被考古人员发现,堪称20世纪最为著名的新石器时代城镇遗存,它之所以如此著名的一个重要原因就在于其整齐规划的村落布局和形式结构极其统一的房屋设计。加泰土丘遗址占地面积为12万平方米,房屋建筑的形式非常统一。一般面积为24平方米,并附有小贮藏室,其中有贮藏谷物的泥制方箱。房屋南墙靠着一个梯子,供上下出入。南墙中部有一壁炉,房内南部还有一地面灶,一般为方形。建筑的一致不仅表现在房屋布局、大小和建材规格以及炉、灶的大小上,整个村落的布局也非常规整。共用的墙壁将长方形的泥砖建筑紧密地排在一起。

---

〔1〕 参见[英]斯蒂芬·加得纳:《人类的居所:房屋的起源和演变》,汪瑞、黄秋萌、任慧译,北京大学出版社2006年版,第3页。

〔2〕 参见杨建华:《两河流域史前时代》,吉林大学出版社1993年版,第7~8页。

隔一定距离有一个院落，以解决通风和采光的问题。因为这种建筑没有门，所以需要通往屋顶的梯子进出。高低错落的平屋顶以木梯相互连通，形成了社区的公共活动空间。[1] 房屋的大小、结构、布局、材质、规格以及基本的生活用品都差不多，说明居民们在经济上基本上平等。在这种经济条件下，相信也不会有谁要盗窃邻居家储藏方箱内的谷物，因为他自己家里也有。

（四）为何要侵权？

按照经济社会基本的生存法则，笔者认为，在物质财富大体均等的私有制早期阶段，人们彼此之间并无侵权之必要，由此也可以推理，侵权行为应该大量出现于原始社会后期贫富差距两极分化的年代。土耳其的加泰土丘遗址为我们提供了私有制出现的证据，从此之后，人类社会的贫富分化渐次拉开，伊拉克的梭万（Es-Sawwan）遗址以及埃及的巴达里（Badarian）遗址中的墓葬形式之差异以及随葬品之多寡也显示了这种缓慢的进展。到了新石器时代晚期，原始社会的贫富分化越发剧烈，中国龙山文化的诸多遗址都可以找到能够证实这种局面的考古遗存。

距今 3900～4500 年位于山西省襄汾县的陶寺遗址，不仅是我国黄河流域史前最大的城址，[2] 而且还发掘出土了极其丰富的墓葬文物。陶寺文化的早期墓地位于陶寺小城东南方向，面积达 3 万平方米，共发掘探明 1300 余座墓葬。从墓葬的规格和随葬品的多寡来看，墓葬主人所生活的时代已有了鲜明的贫富分化，人与人之间存在严格的等级差别。大致来说，陶寺墓葬可分为大、中、小 3 等。大型墓长 3 米、宽 2～2.7 米，墓主人均为男性，仅有 6 座，不及墓葬总数的 0.5%，每座墓都发现有木棺、朱砂粉末以及 100～200 件随葬品；中型墓面积稍小，长 2.2 米、宽 0.8 米，每座墓都有木棺、朱砂以及十几件随葬品，数量约占墓葬总数的 10%；小型墓均为长方形竖穴墓，长 2 米、

---

［1］ See Pam J. Crabtree and Douglas v. Campana, *Archaeology and Prehistory*, The McGraw-Hill Companies Inc., 2001, pp. 291－292.

［2］ 参见高江涛：《中原地区文明化进程的考古学研究》，社会科学文献出版社 2009 年版，第 200～201 页。

宽0.4～0.6米,随葬品很少或没有,数量则占90%。特别值得注意的是,每个等级的墓葬又可被分成2～3个亚级。[1]

如此看来,处于公元前4500年左右陶寺城邦的社会成员,按照财产的多寡,至少存在5个不同的阶层。绝大多数社会成员死后只能极为勉强地入土于只有一人身位大小的竖穴墓,生前可能遗留一些为数不多的财产,但这些财产对于死者所在的家庭而言无疑非常珍贵,所以一般不会用于随葬,他们的亲人也很难能够提供什么财物用于陪葬。与之相比,少数一些社会成员的生活状况则比较富庶,他们在死后不仅享有棺木,而且还陪葬有至少十几件的珍贵器物,这说明购买或定制棺木所需的钱物以及价值不菲的随葬品对于他们的家族而言并非维持其基本生活所需。这些富裕的家庭有能力为其家族成员提供这种显赫的墓葬安排。而那些占社会绝大多数的贫民可能连基本的温饱问题都无法解决。物质匮乏,迫于生存,为了占有对方财富的侵权行为自然会登上历史的舞台。

当然,生活所迫也并非导致侵权产生的唯一条件,人类的私欲和嫉妒心也是诱发侵权行为的重要因素。存续期为距今4200～5300年的良渚文化位于长江下游的太湖地区,该文化遗址的最大特色是所出土的玉器。璧、琮、钺、璜、冠形器、三叉形玉器、玉镯、玉管、玉珠、玉坠、柱形玉器、锥形玉器、玉带、玉环不一而足。但这些珍美的玉器并非均匀地埋葬于该遗址的每个墓穴之中。平民墓葬出土玉器的比例较高,是良渚文化用玉制度的一大特色。充分体现出良渚社会普遍崇尚玉器的倾向,但与这种普遍性相对应的,则是非常严格的用玉等级限制。平民墓葬只有锥形器、坠、管、珠等小件玉器,与显贵者墓葬出土的玉器,在种类、数量、体量、组合关系等方面,均截然有别,其中,琮、璧、钺这3类玉器与琢刻纹饰的大件玉器,是显贵者墓葬专有的器物,成为等级划分中区分显贵者阶层与平民阶层的明确标尺。[2] 良渚社会的普

〔1〕 参见宋建忠:《龙现中国:陶寺考古与华夏文明之根》,山西人民出版社2006年版,第43～44页。

〔2〕 参见蒋卫东:《神圣与精致:良渚文化玉器研究》,浙江摄影出版社2007年版,第20页。

通居民死后不仅有随葬玉器,而且一般都有日常使用的陶器,这说明他们虽然不如权势墓主人那样富裕,却也是具有一定经济能力的社会成员。总之,他们生前的物质生活还是有可靠保障的。但是,很难能保证他们满意于既有的生活状况,为什么权势人物可以拥有使用琮、璧、钺,而他们却只能把玩坠、管、珠?人类作为动物天生俱有的贪婪和私欲必然会引发侵权行为的出现。

三、犯罪——集体表征[1]的价值判断

(一)"罪"的社会危害性

作为一种对他人经济权利、人身权利进行侵犯的行为,侵权何以蜕变为犯罪?侵权和犯罪的区别又是什么?笔者认为,原始社会早期的侵权行为过渡到刑法意义上的犯罪行为的关键在于,后者被集体表征打上了价值判断的标签。以暴力手段杀死他人可以视为对他人生命权的侵犯,但更多的是被看作剥夺他人生命的杀人罪,对同一行为两种不同视角的解读有着何种不同?不难发现,前者是一种事实判断,而后者由于使用了"罪"的称谓则属于价值判断。社会成员集体认为杀人行为是一种不好的、必须要加以严惩的罪过。

我们继续推理,原始社会的成员集体为何又要将杀人行为标记为一种属于价值判断范畴的罪过?笔者认为,这是由杀人行为的社会危害性所造成的。杀人虽然侵犯的是个体的生命权,但如果不对这种行为进行严惩,那么,杀人行为就会肆无忌惮地再次出现,成为攫取他人财物、取代他人社会地位的正当手段和工具,社会秩序将完全陷入混乱。所以杀人行为虽然针对个人,但如果不明令禁止,将会对整个集体带来严重的危害。那么问题又出现

[1] 集体表征(Collective Representation),是涂尔干社会学理论的重要概念,意指荷载有为某一社群或社会所共享的意义的符号,它既可以是理智的,也可以是情感的。这些符号化的"意象"或"方式"源自于人际互动,并获具了一种超个体性,从而构成了无所不包、社会建构的现实。此先在性、实存性的集体表征透过所谓潜移默化的理智过程,不仅强制性地规约了个体的思维、情感及行动,而且为数个世代的所有成员近乎同质化地共享着。参见[法]涂尔干:《宗教生活的基本形式》,渠东、汲喆译,上海人民出版社 1999 年版,第 17~20 页。

了,在原始社会早期,杀人同样具有严重的社会危害性,为何没有被集体通过价值判断而标记为罪过？笔者认为,社会公共权力的强度经历了从普通到强大并逐渐膨胀以致极端化的发展过程。农业革命以后,特别是新石器中期农业经济成为人类社会普遍的生存方式之后,社会公共权力已经充分意识到某些严重侵权行为的社会危害性,并足够强大到通过集体表征的手段给予定性,以武力方式对这些行为进行惩处,并明令禁止再次发生。总之,犯罪是原始社会为了维持现有社会秩序稳定持续而通过集体表征做出的一种价值判断。那么,这种价值判断又始于何时,亦即罪的观念是何时产生的？这又是一个无从可考的问题,但我们从原始宗教的遗存表现上似乎可以觉察到一些端倪。

(二)宗教的是非对错

在严格意义上的法律诞生之前,或者说法律从道德、宗教、习俗等调节人类生活的社会规范中脱离开来之前,诸种社会规范无疑是混同在一起的。与道德、习俗等社会规范相比,原始宗教在史前考古发掘中留有大量的可辨识性遗存,能够为我们了解人类最早的是非观念之诞生演化贡献实物证据。

众所周知,“罪”是《圣经》中的重要概念之一。《旧约》把罪归结为违反上帝的禁令(包括摩西律法和后来的安息日象征)。根据圣经所记载的家谱计算,世界只是在公元前4000年才被上帝创造出来的,可实际上在“上帝创世造人”的2000年之前,土耳其的加泰土丘就已经有了专职祭司以及神秘庄严的宗教活动场所。在这所人类最古老的祭室中,考古学家发现了礼仪及宗教性质的壁画、浮雕式的泥塑神像,摆放着人头骨和被人们崇拜的牛头偶像。泥塑的公牛头象征着雄性力量,两侧有泥塑的妇女乳房,它们都从祭室的墙上凸出来。[1]

这种8000年前的行为虽然原始,但作为一种社会意识形态,已经具备了宗教行为的一些特点和表现。比如相信现实世界之外存在超自然的神秘力

[1] 参见陈平:《外国建筑史——从远古至19世纪》,东南大学出版社2006年版,第5页。

量或实体，该神秘力量统摄万物而拥有绝对权威、主宰自然进化、决定人世命运，从而使人对该种神秘力量产生敬畏及崇拜，并从而引申出信仰认知及仪式活动。不管是否原始或成熟，宗教都是一种对神明的信仰与崇敬，或者说宗教就是一套信仰，是对宇宙存在的解释，它通常包括信仰与仪式的遵从。更为重要的是，宗教常常有一部道德准则，一套是非对错的判断标准，以调整人类自身的行为。

而到了7000年前的欧贝德(Ubaid)文化早期时，位于伊拉克境内的埃利都(Eridu)遗址则为我们考察原始宗教的形成和发展提供了更为丰富的实物遗存。该遗址的第18层并无任何建筑的遗存，从第17层开始，这里出现了最早的建筑物。虽然面积只有9平方米，但该房屋恰好位于后来的神庙之下，周围也并无发现其他建筑遗存，所以，这应当是埃利都部落在此地专门营造的宗教建筑。从第16层建筑开始可以准确地判断其宗教特性。虽然面积略有缩小，但第17层建筑墙体向内凸起的泥砖相反，此时的房屋西北墙的中部呈现为向外凹的结构，从而形成一个宽1.1米、进深1米的龛，龛内有一个祭坛，高度为24厘米。到了距今6900年前的第15层时，该祭室的面积则增加到了61.3平方米。[1]

400年以后，埃利都部落在原来的位置上修建了一座新型建筑，布局发生了较大变化。分中殿和侧厅两大部分，已经成为真正意义上的庙宇了。而原有的祭室则已经蜕变为神庙。祭室向神庙的转变是宗教建筑发展中的一个质的飞跃，它标志着宗教已经由产生于民众之中变成高于民众之上。巨大的规模和高高的台基是这种标志的最好写照。同时出现了住在庙宇的专门祭司阶层，普通人不可能再与神发生联系，而要借助于专职僧侣，从此宗教开始为少数人所垄断，开始了人为宗教的历程。而专职祭司成为正在形成的等级社会中的最上层人物，也是人类历史上最早的知识分子。[2]

---

〔1〕 See Fuād Safar, Eridu, Republic of Iraq, *Ministry of Culture and Information*, State Organization of Antiquites and Heritage, 1981, pp. 36 – 40.

〔2〕 参见杨建华：《两河流域史前时代》，吉林大学出版社1993年版，第154页。

这些在部落公共权力中拥有话语权的宗教知识分子在埃利都神庙此后的发展过程中不断将其神圣化、隐蔽化,到了距今5500年的第6层,最晚的一座神庙面积则达到了276平方米,形状也发生了改变,建筑物由一个大型的内殿,左右各几间偏殿组成,一条阶梯通向台面和庙宇的入口。内殿的结构则呈现出长条的"T"形布局,这样一来,神庙外面的人再也无法窥见庙内的神坛。[1] 神的地位越来越高,越来越神秘,原始社会早期的先民们对宇宙存在的解释也就越来主观,越来越感性。对人类行为方式的基本态度也越发倾向于价值判断而非事实陈述。我们有理由相信,在那个原始宗教、道德、习俗混为一体的年代,处于欧贝德文化后期的埃利都人已经产生了"罪"的意识。

四、结论

150年前,英国著名法律史学家梅因在其代表作《古代法》中提出了"犯罪法"来源于"侵权行为法"的观点,认为这是古代刑法起源的主要形式。但考虑到当时考古学和人类学刚刚起步,梅因所借用的最早的历史资料仅限于罗马法,所以他关于原始社会法律起源的看法并没有得到实物遗存的辅证。令梅因没有想到的是,考古学在21世纪取得了长足的发展,考古学者在过去的100年间在世界各地发现了大量可以反映人类社会早期文化风貌的史前遗迹。

本文正是利用这些考古材料对梅因的"从侵权到犯罪"的观点进行了重新演绎:在原始社会绝大多数的时间里,人类一直过着食不果腹的生活,艰难的生存环境也决定了原始公有制的必然性。直到1万年前发生了农业革命,原始公有制逐渐向私有制过渡,但私有制的出现并不直接意味着侵权行为的发生,因为人们的经济条件在很长一段时间里是大体相同的。所以,侵权行为应该大量出现于原始社会后期贫富差距两极分化的年代。

---

[1] See Leick Gwendolyn, *Mesopotamia: The Invention of the city*, Allen Lane, 2001, p. 124.

必须要强调的是，侵权和犯罪的一个重要区别在于，后者的称谓属于价值判断，来源于原始宗教中逐渐形成的是非对错的观念，同时也被原始部族的集体表征打上了价值层面的标签，所以，原始社会早期的侵权行为才过渡到刑法意义上的犯罪。而这一转化过程随着同态复仇到集体刑罚权的演进，犯罪与刑罚的同时出现也昭示了刑法的诞生。

评《宪政与分权》：一幅分权理论的演进图景

张海斌*

在西方政治思想史诸学说中，分权理论无疑是十分重要的组成部分。分权理论是西方政治实践和思想演进的产物。对这一演进历程在宪治框架下进行全景图式的谱系梳理，无疑有助于在具体的历史语境里深刻理解分权理论的内核及其现实意义。由苏力译，英国著名政治理论学者维尔著的《宪政与分权》[1]一书，无论在理论层面还是论述本身显然提供了此种助益。

《宪政与分权》较为突出的特点是其应用了社会学的分析视角。分权理论及其制度实践作为一种社会现象无疑具有社会性和客观性（迪尔凯姆：《社会学方法的规则》），其演变过程并非孤立和主观的。作者以分权理论的学说史与分权理论的制度史为线索，厘清了源于古代社会权力分立理论如何演化出政府职能的思想并衍生出混合均衡政体理论的历史图景。纤毫毕至地勾勒了

---

* 上海外国语大学法学院教授，研究方向为宪法学、国际人权法。

〔1〕 参见[英]维尔：《宪政与分权》，苏力译，三联书店 1997 年版。

该图景中的关键人物及其重要著作,以及他们在该演变过程中的历史意义。其间,作者亦较为简练地分析了在某些重要的转折点哪些因素决定着这种理论和政制安排的转变(虽然笔者认为在这方面是不够的)。用一个不恰当的比喻概括,该书如一本记载详尽的航海日记,其一丝不苟地记录了航船的结构、航行路线、舵手名册和遭遇风暴及化险为夷的种种原因。

虽然,学说史与制度史双线索的论述无疑使本书具有历史和理论双重维度,并在两条线索之间形成较大的张力空间,从而使学说与制度之间的参照与互动成为可能。这是本书令人耳目一新的叙述方式。但是,就其应然性而言,该书作者并未进一步阐述分权理论在学说与制度之间的互动何以成为可能的诸多原因。任何互动模式必然需要一个中介或诱因将其纳入社会结构并随之变迁,它可能是一个必然或偶然的历史事件、一个重要或不重要人物和一个正式或不正式制度。当然,就社会学方法本身或作者的写作意图而言,这无疑是个苛刻的要求。但这在客观上会使本书缺乏应有的理论厚度。

社会学方法的重要特色在于分析过程的价值中立或价值无涉(马克斯·韦伯),维尔在本书中的社会学立场无疑使该书具有客观和科学意味。作者浓墨地描绘了纯粹分权学说与混合政体理论的结合过程。但是,令人遗憾的是,无论从理论层面还是制度设计层面,作者未明确指出一个严格意义的宪政概念和宪政与分权的因果性联系。即是在宪政体制下研究分权学说的演进,还是在分权实践的同时实现宪政?更有意味的是,在本书的叙述中,宪政的价值纯粹预设于政治体制意义上的权力分立和制衡,维尔的描述纯粹围绕权力机关、司法机关、行政机关相互之间的官方权力如何消长直至平衡的历程。而究竟是何种势力使之所以然,或者在这3者之外是否有第四种权力促成并维持这种平衡?作者并未作进一步的探析。托克维尔或达尔意义上的社会权力(公民权利的集体抽象)在维尔的权力场域里似乎踪迹全无。

但是,就历史事实而言,社会权力对政体3种权力的制衡提供了必不可少的内在推动力。作为严格意义的宪政,公民权利的强调似乎应是其一个特征性事实。而本书对此未置一词。笔者认为,这是囿于英国乃至欧洲政治实践经验的结果。因为造成分权之事实在各个国家的政治实践里,其推动力量是不同的,可能是暴力革命后的分配性分权。反映到权力制衡上,其主体也应不同。故问题的中心在于,权力之分立是否是宪政的终极性意义。因为,公民权利的保障在一个纯粹官方分权制衡的国家并非必然。因此,维尔的宪政概念无疑是制度层面而并非价值或理念上的。这是一种典型的经验主义的政治科学分析法。

总之,《宪政与分权》虽然不能让人产生较多的阅读快感,但其环环相扣的逻辑,旁征博引的论证和事无巨细的探析,使本书无疑具有宪政研究著述中难得的实证色彩。因此,它的价值也很大程度上在于其方法论意义和治学理路上。而这些正是我们所欠缺并心向往之的。

古代希腊悲剧作品中社会政治色彩研究

张守进*

公元5世纪古代希腊悲剧作品的社会政治色彩与当时社会的集体意识形态和古典城邦民主的竞争态势紧密相关,也与传统的荷马史诗以及神话作品里所体现的宗教意识和个人英雄主义丝丝相扣。本文将通过解析古希腊悲剧作家们对作品中人物在困境中所采取的行动,指出某些公元5世纪关键的社会政治观念的优点和意义。这些戏剧作品中的社会政治色彩对于理解古代雅典人和来自其他城邦的宾客们是如何看待这些悲剧作品的,而雅典公民社会政治的民主属性在理解这些悲剧作品的过程中也起着重要作用。这些悲剧作品有时使用可怕的王室宫廷事件和极端英雄故事来凸显古代雅典城邦的文明价值观。从这个意义上来说,古代雅典城邦的人们所观看的戏剧作品几乎都对当时社会和政治文明与观念造成一定的冲击。

在古典时期过后,悲剧作品的社会政治属性并没有任何减弱的迹象。古罗马共和制度下的悲剧作品主题有冲击力,内容丰富多产,对当时人们的社会政治观念也形成了一定的挑战。本文将通过对塞内卡悲剧作品中具有巴洛克风格,血腥而充满语言修辞的表达方式的研究来折射古罗马皇帝尼禄当政时期的社会政治特点。

一、悲剧时刻

几乎所有我们现存的古代希腊悲剧作品都是在古代雅典节日期间进行

* 上海外国语大学法学院讲师,研究方向为翻译理论与实践研究,文学批评以及教学法。

舞台表演的,即古代雅典举行的城邦酒神节;当时的大部分观众恰恰是生活在当时雅典城邦民主制度下的公民们。这种每年举行的节日表演体现出典型的当时公民社会的宗教仪式与竞争意识。而克莱斯蒂尼[1]打破当时古希腊社会的贵族世袭势力,用泛雅典的民主团结来代替公元5世纪以来流行的地方性效忠势力和帮派政治,及时制止了雅典公民社会产生暴君的可能性。这一社会政治变革在当时的悲剧作品中也有所体现。

对于现代西方戏剧体验来说,古代希腊悲剧有其区别于现代戏剧的政治背景和社会公众接受度。在古代雅典酒神节戏剧表演开始之前,通常会举行一些仪式。例如,由政府提供盔甲,让那些战争中失去父亲的孤儿们穿着盔甲在舞台上游行;还有那些对社会做出物质贡献的公民们得到奖励,戴上花冠的宣告仪式等。这些仪式很鲜明地体现了古代雅典公民社会民主制度下的意识形态特征;仪式揭示了一个社会现实,即只要一个公民自我牺牲或者贡献自己的金钱给社会,就会得到国家的承认和补偿。酒神节活动本身也需要物质上的赞助,还有座次席位的安排;既有同一乐团内部的合作,也有不同部落或者地区之间乐团的竞争;有民主监控的审计和调控,也有精英阶层设计的舞台形象——这一切都是为了在大众面前做出引人注目而且竞争性强的经济实力展示。在古希腊,很多社会地位高,经济实力强的人会把自己财富的一部分捐给社会,而克莱斯蒂尼所抱怨的恰恰是鲜有富人对社会做出实质性的资金支持。

关于酒神节这个仪式的各种元素都有助于我们理解古希腊悲剧作品对观众的社会政治影响。因为这个节日本身的仪式性以及组织结构正是古希腊社会的集体意志的庆祝,这种庆祝与个人追求荣誉而展开的竞争交相呼应。雅典人把这种行为称为 philotimia[2],即野心勃勃的奋斗或者爱荣誉。与此形成对照的是,悲剧作品里爱惜荣誉的英雄个体与他们所处的社会之间的关系却给读者和观众呈现出另一幅不同的画面。所以在这种公众节日和

---

〔1〕 2003,Christopher Blackwell.

〔2〕 A Cambridge Companion to Greek and Roman Theatre,2007.

民主意识形态框架下展开的悲剧表演就带有社会政治的属性。

在这种背景下展开的表演所折射出的社会政治属性有一个绝佳的例子。埃斯库罗斯的作品《俄瑞斯忒亚》(成于公元前458年)在雅典的上演时间恰恰与当时亚斯巴古山上建立的当时古典时期雅典刑事和民事案件的高等上诉法院。希腊传说中,阿瑞斯因为杀死波塞冬的儿子哈利罗提奥斯而在此接受希腊众神的审判。在这个悲剧三部曲首演的时候,这个法院是当时真实存在而且颇受争议的一个社会政治机构。第三部结局《尤墨尼德斯》无疑是某种形式的政治病因论——尽管剧中展现了积极的一面,埃斯库罗斯把雅典当时的法律和政治结构置于一个古代的传说。雅典必须设立一个雅典公民组成的陪审团,在莉迪亚之王阿特瑞俄斯[1]居所来为复仇的恶性循环提供一个非暴力的解决方案。这样的悲剧安排就让埃斯库罗斯本人可以自如地安排一场古典风格的个人英雄主义行为和贵族式的追求荣誉和平凡冤屈的方式之间的冲突,而这恰恰与当时政府权威和民族制度所倡导的通过法律手段和平解决纠纷的精神相契合。当然,剧中奥瑞斯特的无罪判决对于任何想寻求完美悲剧解读的读者来说是一个不小的遗憾。但是我们必须正视一个事实,那就是当时的亚斯巴古法院在公元458年是一个有争议性的社会政治机构。这个悲剧三部曲关键的社会政治含义就是源于荷马史诗式的英雄和当时政治文化背景之间的辩证关系。

索福克勒斯的《阿贾克斯》(约上演于公元前440年)是这种辩证关系的另一种不同的悲剧作品。当阿喀琉斯的残肢被作为战利品奖赏给奥德修斯之时,阿贾克斯被挫伤的荣誉感和被背叛的情绪是如此深刻,他甚至想对自己的战友动粗。而且,当雅典娜确保让这场进攻失败的时候,他选择自杀而不是重新加入军队,或者屈辱地回到家乡。他的错觉和自杀是雅典娜精心设计的,目的是为了惩罚这个英雄人物的蛮横和自大。阿贾克斯相信,像他这

〔1〕 希腊传说中,莉迪亚之王坦塔卢斯邀请众神赴宴,为了检验众神所谓全知全能的本领,他把自己的儿子炖成汤,给众神们奉上他儿子的肉。除了德莫特没有识别出之外,其他众神立即知道坦塔卢斯上的是什么菜。众神们又重新造了他儿子的肉身。

样的英雄人物不需要众神的帮助在战争中赢得荣誉。在他死后,阿伽门农和墨耐劳斯认为阿贾克斯本该屈从于集体意志和军队纪律的约束。他们这是集体行为的意识形态,例如作品中他们不断使用城邦(polis)与法律(nomos)这类词语,与当时过度独裁的政治色彩形成冲突对立。这种独裁的政治色彩让当时公民理想所表现出来的军队纪律,帝国和对城邦的服务等理念显得非常难堪。而这种理念视酒神节戏剧作品上演的游行格格不入:身带盔甲的战争孤儿在舞台上公开游行;对那些捐助城邦的人给予政治承认,这些行为是当时社会政治色彩的一种体现。

悲剧中的人物经常使用一些源自公元5世纪时期戏剧观众们经常使用的政治性的语言:人们经常使用人民(demos)、暴君(turannoi)、将军(strategoi)和城邦(poleis)等词汇,这些词汇在悲剧作品中人物角色的演绎下显得非常神秘,既有现代感,又有公元5世纪的风格。例如,在《欧里庇德斯》[1]剧中的人物安德洛马克与虚构的人物斯巴达国王莫奈劳斯言语上进行了激烈的交锋,她讽刺了莫奈劳斯的军事才能,嘲笑莫奈劳斯在特洛伊城海克特是如何轻松就击溃了他。她颇有讽刺意味地给他起了个绰号"可怕的重装步兵"(fearsome hoplite)。安德洛马克使用"hoplite"这一词充分显示出这一虚构的斯巴达人物所展示出的虚构性特征与当时的公民的理想和观念是多么不同。在对古希腊重要历史人物譬如希罗多德、修希德狄斯、色诺芬以及阿里斯托芬的论述以及其他悲剧作品里经常会出现雅典人把斯巴达敌人描述为典型的狡诈而蛮横。而安德洛马克用如此语言来诱使观众来想象当时雅典人对斯巴达人两面三刀、奸诈狡猾的普遍看法,并且把这种看法映射到过去的社会政治生活中。安德马洛克把莫奈劳斯作为虚构斯巴达人的原型人物,而这种原型人物又与当时雅典社会军人展示出的男性特征形成对照。

所以,古希腊悲剧作品中对当代语言的运用有时是为了让观众做主动联想,把悲剧作品中的悲剧成分与他们自己所处的社会政治现实话题相串联。

---

〔1〕 Euripides,1997.

当然,古希腊悲剧作品不仅使用修饰性强、具有古朴诗化的英雄体语言,也杂糅着当时雅典贵族化、神秘化当代现实语言。所以希腊悲剧作品并不是单纯以说教为主,或者是试图转变当时的戏剧观众的政治理念。

在布列希特[1]的政治戏剧论里,只有那些在戏剧作品中表达了政治理念或者直接的社会政治评论的悲剧才具有社会政治属性,在相当长的一段时间里,这种观念影响着很多评论家们。有的评论家们认为布列希特式的戏剧理论可以被称为"干预主义"传统,尤其是从现代戏剧作家和评论家们对古代戏剧的处理方式这个角度来说,这种传统认为无论是索福克勒斯还是莎士比亚的戏剧作品在某种程度上都受到了作家们的改编和操纵,以便观看戏剧的人们能够体会到剧作的生命力,而且这种生命力可以继续延伸到21世纪,对我们当今社会政治现实依然有重要意义。换言之,只有戏剧作品能够展示给观众足够清晰明了而且简单粗暴的政治属性,人们才会觉得这个作品是带有政治性涵义的。对于古代悲剧的现代改编和表演,运用布列希特式的戏剧理论确实能带来丰硕的成果:就像有些英国导演试图在《阿贾克斯》剧作表演的合唱部分加入一些反映北爱尔兰暴力现状的因素,在效果上引起很大轰动。类似改编也反映了古代希腊戏剧作品并没有与布列希特戏剧原则契合。如果想让古代希腊悲剧作品对其原有的古代希腊观众具有政治上的说教作用,那么,在服装,表演和其他方面的改编工作就是很大问题。

对布列希特戏剧原则的探索导致我们必须去接受一种更加复杂的戏剧模式,这种模式下悲剧作品直面而且质疑观众们的政治、道德以及意识形态属性。近年来,一些被称作"巴黎学派"的古典主义者们[2]践行着这类悲剧模式。近20年来,巴黎学派的主张不断被一些关注古希腊悲剧社会政治属性的学者们强化。J. P. 沃尔南[3]对造成古希腊悲剧作品社会政治属性复杂性的具体历史时刻的关注和理解依然是今天研究这个话题的重要出发点。

---

〔1〕 布列希特论戏剧,1992。

〔2〕 School of Paris,2014.

〔3〕 Origins of Greek thought,1982.

沃尔南认为“悲剧时刻”发生的契机就在公元5世纪的雅典观众社会体验的实质与戏剧表演产生差距的时候。这种差距是随着公元6世纪晚期和公元5世纪时期逐渐发展的社会政治而形成的;这一时期,一方面,有雅典式民主带来的新的法律和政治制度;另一方面,有着当代社会过时的宗教体系。对沃尔南来说,这种差距是足够明显的,即在法律和政治制度与神秘和英雄传统之间的对立是构成这种差距的主要原因。但是这种差距足以使戏剧中的价值冲突形成人物角色的痛苦,并让这些冲突在舞台上展开。因此悲剧就触及雅典社会中两种价值观之间的冲突,并展现了人们对人类主体和权威的不同理解。贵族为代表的英雄形象展示出的个人主义和夸张行为在神的维度上受到制约,同时在另一个维度上受到集体或者家庭的制约。这样,希腊悲剧的男女英雄角色对当时的希腊观众来说不是模仿的对象而是问题的制造者。这种问题当然来源于他们充满矛盾的立场:英雄所处时代和观众所处时代之间的差异;个人的主张和荣誉与家庭、友人、社会之间的差异。甚至最基本的悲剧形式也具备类似特征,即众神们的单一性权威与新的集体权威诉求之间的冲突。

二、悲剧与雅典城邦

上面的提到VERNANT对悲剧时刻的理解,往往因为阿蒂克(古希腊)悲剧和雅典式民主不是在同一时间形成的。悲剧作为一种艺术形式可能在克里斯提尼(公元前508年左右)促成雅典式民主的政治改革举措之前就存在,而且也不能绝对地说悲剧是古希腊特有的一种艺术形式。而且有证据证明,城邦酒神节庆祝活动中布置戏剧竞赛活动是希波克拉底之子皮斯特拉迪暴君一手促成。为了增强自己的权力,雅典的暴君们不得不在公民中间形成一种对个人与国家之间关系的高度认知,创造一种群体性的氛围,这样,政府的概念就可以在人们心中扎根。因此悲剧时刻这个概念与专制主义企图创造一种公民的归属感的企图是相关的。只有在雅典民主制形成后才带有一些民主社会政治属性。

尽管雅典式悲剧有着这样的社会政治渊源，我们现在所有的希腊戏剧都是在克莱斯提尼民主改革之后，很多剧本都认真探索了专制制度的缺陷和过失。《暴君俄狄浦斯》的主人公里被称为暴君 TURANNOS，而剧本中的合唱评论道，"hubris breeds the tyrant"即狂妄成就暴君，HUBRIS 一词意为过度或者非公民式的自我伸张，对身体的摧残，与广为传颂的自我约束的美德的对立面，这种美德在雅典式的法庭里和其他民主机构里都是被推崇的。所以悲剧作品中的暴君人物的狂妄是非公民美德式行为的一种。实际上，古代希腊悲剧作家专注于揭示神秘的底比斯暴君所犯的错误和专横傲慢是一种建构非雅典式城市的努力，这个城市是雅典的对立面，这种对立面允许悲剧作家去更加自如地探讨自我、家庭和社会价值等重要问题。这些价值观在这个非雅典式城市里都被颠覆，所以我们在这些悲剧作品里看到的是专横的男女主角，行事逾矩，易于犯错，易引起不同程度的社会和宗教性的灾难后果。

这种对专横制度和君主的描写本身并不能完全证明公元前 5 世纪的雅典式悲剧从本质上来说是契合当时的民主制度的；反暴君式的对话也是公元前 7 世纪到公元前 6 世纪雅典贵族阶层诗歌的一个特征。很难想象当时雅典社会政治气氛下观看悲剧作品的观众不会被这些作品反映的暴君代表人物悲剧所感染，因为每次观众们作为民主制度下的公民去观看这类作品时，社会性的辩论往往被安排在悲剧表演之后，这些作品反映的主题就是对那些阴谋推翻政府的暴君人物设计诅咒。这种反暴君的情绪与当时雅典民主意识形态一脉相承，所以悲剧作家阿里斯托芬在《吕西斯特拉忒》[1]一剧中才嘲讽那些在马拉松作战的那些老一代官兵们是带有这种情绪的典型性群体。

悲剧作家们经常对雅典之外城邦里所谓神秘的通知家族进行描写，说明了悲剧作家们把雅典摆到一个重要位置，以区别于其他任何城邦。因为悲剧作品通常探讨阿格乌，斯巴达和底比斯城邦里那些专制统治和世袭家族里的那些变态行为，而雅典作为一个模板式的城邦显然不属此列。在像埃斯库罗

---

〔1〕 Greek Drama, 2006.

斯的《欧墨尼得斯》和索福克罗斯的《科罗诺斯的俄狄浦斯》,以及欧里庇得斯的《恳求者》等剧作里,作为民主制度原型的雅典经常被认为是避难所或者在其他希腊城邦里所犯下的罪行或者亵渎性行为的一个解决问题的场所。

但古希腊悲剧经常会把典型的雅典或者希腊民事、法律的自我形象与非雅典式或非希腊式的专制、残酷不公的自我形象形成尖锐对立,这样公元前5世纪的城邦就成为界定并约束个人文化和政治身份的重要工具。在公元前415年成作的欧里庇得斯《特洛伊的女人们》一剧中,作家刻意颠倒了这种意识形态上的两极分化,典型的希腊城邦价值观与过去和现在非希腊的野蛮人文化的价值观不再是尖锐对立。在这个作品里,特洛伊的女人们超越了她们所处城邦的典型野蛮人特征,看上去跟公元前5世纪晚期的贵族希腊人很相似;而那些奴役并处死特洛伊战争生还者的希腊人跟野蛮人并无差异。遗孀安德洛玛克(公元764年)一针见血地指出了这种价值观上的糅杂,因为她的儿子阿斯提亚纳克斯被指名处死:"哦,你们这些希腊人是发明这些野蛮邪恶的源头!"这种评论对剧作当时所处时代的雅典观众可能会有些触动,因为这一剧作恰恰就是在希腊军队屠杀了特洛伊城的男人们,并且将米洛的女人和孩子们都变为奴隶之时上演的。根据历史学家修惜底德的记载,这一屠城事件之所以发生,是因为这一小岛上的人们拒绝向雅典帝王势力低头称降。不管欧里庇得斯的意图如何,他的剧作呈现的这些戏剧性,颇具挑衅和羞辱性质的类比,尤其是在特洛伊征战的阿伽门农军队的残酷与随后的米洛屠城事件这些描绘上,对当时的观众不仅仅是视觉冲击,更多的是对当时政治社会价值观的巨大冲击。

虽然《特洛伊的女人们》一剧展示了希腊悲剧作品在质疑当时社会政治属性方面颇为激进,但具体分析每一部希腊悲剧作品是没有一劳永逸的模板的。有些剧作本身就不以质疑或者关注他们所处时代观众的意识形态、道德背景或最近社会的某些决定为目的的。尽管有些悲剧作品似乎把雅典作为解决问题的场所,但是并不是所有悲剧作品里都暗示希腊式民主这一模式。有时作品里展示出雅典是希腊最好的城邦是这些作品更为普遍的主题。例如，欧里庇得斯的《艾瑞克修斯》这部剧作，上演于公元前423年到421年，目的是庆祝在雅典卫城之上的艾瑞克森建筑落成。这部剧作以庆祝雅典早期神秘历史为主，展示出一定的爱国主义情怀。这个悲剧探讨的并不是雅典的民主标志，而是以男权为主，带有神秘主义色彩的土著情结在作品中得到强化。根据与艾瑞克修斯相关的神话，雅典的首个国王，即早期雅典人的创始者是大自然母亲。这样，雅典人就可以对阿提卡半岛的所属提出主张，因为他们就是居住在养育他们的祖先所赐土地之上。这种具有阳刚之气的雅典政治文化由于这些希腊神话起源的故事而合法化，而女性在生育繁殖中的角色却丝毫没有提到。文本通过对于住权主张以及对艾瑞克修斯和其女儿在战争中的自我牺牲，对抗崇拜海神波塞冬的色雷斯人的情节，这一悲剧作品展现的是男性雅典公民的合法性和优越性，而不是展现当时的希腊政治属性。

当悲剧作品不以雅典为故事背景时，它们有时通过引起观众或读者对于其他城邦成立的神话缘由被暴力所扭曲来证明雅典城邦的优越性。例如，以底比斯为背景的几个现存悲剧：埃斯库罗斯的《底比斯七勇士》和欧里庇得斯的《腓尼基的女人们》[1]，这些悲剧以由腓尼基王子卡德摩斯的城邦是建立在乱伦和暴君的狂妄之上，种种悲哀的情境是这个城邦的恶之源头。卡德摩斯杀死了阿瑞斯的恶龙，把恶魔的牙齿植入地里。由于这些牙齿地里长出SPARTOI，也就是“种植人”，这些人种互相残杀，直到最后剩下5个人，他们就成为底比斯城邦的原始居民。这样，悲剧的想象就把底比斯城邦构建为“反雅典式”的典范，进而悲剧作品能够继续探讨阴暗的个人、社会和政治主题。

现存的希腊悲剧与作为城邦典范的雅典紧密相连，而不是与样板式民主制度相连，这说明这个问题是与不同观众的不同反应相关而不是与悲剧文本本身相关。例如，一个来自底比斯、阿尔戈斯的使节来拜访酒神节庆祝活动

〔1〕 Greek Drama,2006.

的时候,对于自己在雅典城邦所得到的体验可能仅仅是一种物质体验,而非把雅典城邦当作民主制度典范。虽然其他希腊城邦不像雅典那样有民主,它们也有公民大会和法律机构,因此,他们对个人英雄神话的探索和典故依然跟本篇论文主题有关。另外,有些戏剧似乎有意让观众去思考民主制度的具体动态关系。

三、悲剧和民主

欧里庇得斯的《恳求者》上演时间在公元前420年左右。故事背景是在一个雅典城镇厄留息斯的一个叫德米特的剧场。剧中一群来自阿尔戈斯的妇女们,与阿德拉斯图斯将军一起,来恳求雅典之王底斯厄斯给予援助。阿尔戈斯七勇士向底比斯进军,支持波利尼斯与他的哥哥艾提奥克里斯权力之争。而七勇士的军事图谋被挫败,而底比斯的暴君拒绝让七勇士的妻子和母亲们去取回勇士们的尸体以便埋葬。现在她们向雅典城邦提出请求,希望他们能够做出姿态,冒着自己人马的安全风险,与底比斯的王权进行斗争,为这次由于偏听偏信、筹划糟糕的可疑军事行动买单,这样,雅典就能对这些妇女做出人道主义的救援。在这个悲剧中,底斯厄斯被描述为一个受法律制约的君主,他对王国的健康运行很骄傲,他的子民们自由平等,依据法律行事,自我约束和管理。那么,观看此剧的观众们就可以想象他们的民主制下的王权实际上从底斯厄斯对他们城邦的管理就开始了。

底斯厄斯对雅典城邦政治文化的赞扬涉及对专制和民主各自相对优点的分析,他手里拿着来自底比斯的警告,底比斯警告雅典如果干预此事,将有何种后果云云。这种专制模式下的底比斯警告对民主模式下的雅典城邦有一定的影响力:

“我所来自的城邦里由一人统治,而不是民众统治。”没有人用华而不实的语言来蛊惑公民们,或者为了自己利益来扭曲事实;忽而大肆赞扬奉承他们,忽而危害每个人。没有人会隐藏他过去的错误或者由于恶意诽谤他人而免受惩罚。

他继续指出，即使是一个受过教育的贫苦农民也没有闲暇去真正参与政治。因此，基于民权基础之上的社会制度是有缺陷的。这种警示甚至给我们提供了一种民主制度嗜血发动战争的令人不安的场景："每当城邦投票来决定战争的议题，没有人会把自己的生死考虑进去……如果在他们投票之时死亡出现在他们面前，希腊就不会孤注一掷地卷入狂热的战争欲望"。

政治上的争论让欧里庇得斯对雅典城邦军事干预以取回七勇士尸体的意图带有某些宗教和道德上的复杂性。因为，在观看戏剧中这种争论的雅典观众无疑会觉得自己的民主生活方式得到确认，雅典的民主模式与其他城邦的腐败和专制残暴形成鲜明对比，而上文提到的警示也指出了公众民主行使权力的脆弱和缺陷：民选的政客和将军们往往会用演讲来操纵民众情绪；而健康的决策过程往往由于阿谀奉承和缺乏对事件的了解，以及民众的怂恿而被削弱；雅典城邦的民主模式跟其他政治制度一样都可能低估了战争会带来的残酷后果。

《恳求者》一剧的创作时间恰恰处于雅典城邦与斯巴达以及其盟友之间关系恶化之时，而且由于这种关系的恶化而带来残酷高昂的代价。警示中所担忧的民众易于感受到，而修昔底德对雅典公民大会的分析也展示了战争对于统治者们的诱惑。实际上这一悲剧只是反映了其中一幕战争时代的悲剧，而且突出反映了雅典城邦的政治、法律和对话机制。

当然，也有许多其他的希腊悲剧也从正反两面反映了希腊城邦的民主结构形式以及领导方式，而且这一切都被衔接到戏剧文本里。最为著名的是埃斯库罗斯的历史题材悲剧作品《波斯人》（约公元前 472 年）。在此剧作中，埃斯库罗斯隐晦地表达了对雅典式民主的颂扬。剧作以波斯帝国皇帝薛西斯的宫殿为背景，他的母后阿托萨以及合唱队（由一组年长的幕僚大臣组成）等待薛西斯皇帝远征希腊的消息，这一远征最终以波斯军队在海战中被希腊人击溃而告终。剧中渲染的萨拉米斯海战是希腊联军击溃波斯军队侵袭的关键事件，也让波斯军队的傲慢和不可一世付出了惨痛代价。剧作渲染了希腊雅典在战争中的贡献，虽然是泛希腊联盟取得共御外侮的胜利，埃斯库罗斯在作品里刻意拔高了雅典在战争中的重要性,强调雅典作为一个盛产重装步兵和划桨工兵的民主制城邦的显赫地位。尽管战争中波斯人的数量占压倒性优势,但王后阿托萨焦躁不安,担心波斯人军队可能已经被击溃,她问幕僚们雅典人的统治者是谁。合唱队回答说:“他们既不是奴隶,也不是任何雅典人的长官”。因为希腊人缺乏像波斯人拥有的这种独裁暴君式领导体系,王后不能理解为什么希腊人能够抵御波斯人的强势进攻。合唱队回答说,正是这些希腊人摧毁了强大而且装备精良的大流士军队。大流士正是以前波斯皇帝,他曾经试图侵略希腊,然而并没有取得成功,在公元前 490 年的马拉松战役中被希腊人击溃。而剧中大流士的鬼魂也出现在阿托萨面前,哀叹薛西斯的远征希腊也是徒劳无功,为傲慢付出了代价。

在有些以雅典观众社会政治属性为主题的剧作中,雅典的政治制度的属性并不总是脉络清晰。在这些剧作中,雅典观众参与度比那些把雅典描述为带有神话色彩,半历史主题的城邦的作品更加多变。例如,在欧里庇德斯的《奥瑞斯厄斯》(公元前 408 年)一作中,背景是阿格斯,而不是雅典。作品中包含一个涉及奥瑞斯厄斯、皮拉得斯和伊莱克特拉命运的公民大会的有趣陈述;这 3 人以复仇为缘由杀死了克吕泰墨斯特拉和埃奎斯陀思。这个由信使转达的陈述代表了一种民众经过深思熟虑后而进行投票后的表决结果。但在陈述中,我们可以看到一些帮派团体和不择手段的演讲者们为了自己利益而操纵观众情绪,使这种民主决策过程看上去并非无懈可击。《奥瑞斯厄斯》这一作品显然对雅典城邦的观众是极具话题属性的。因为就在这个剧作产生 3 年前,雅典城邦也曾被帮派利益挟持,民主制度被独裁制度短暂代替。很多独裁制度的谋划者都是一些公民大会民选的将军和有名的演讲者。他们设法说服了雅典城邦公民们,暂时停止全面的民主制度而代之以独裁体系,来获取波斯帝国的财政支持,以便在与斯巴达人的战争中能取得优势。这一过渡政治体系时间延续很短,在公元前 410 年,雅典就恢复了民主制度。在雅典城邦历史上,激进倾向的雅典民主制度由于其模仿斯巴达式的秘密寡头政治来操纵民众而被民众所抛弃。因此在当时的雅典城邦，观众们看到此剧会对剧中奥瑞斯厄斯斯巴达叔父莫奈劳斯言辞有强烈情绪化反映。莫奈劳斯在谈及当民众情绪激愤时如何处理才能达到操纵民主的目的：

这就像去扑灭一场熊熊燃烧的大火。如果放任自己，任其发展，掌握好灭火的火候，让其自我熄灭，在火势减弱之时，也是你可以火中取栗的时机。

在公元前411年发生的民主制度倾覆事件，对当时的雅典城邦公民来说，记忆犹新。看到此剧，他们难免会联想到内部和外部势力的颠覆让民主制度更加脆弱。克吕泰墨斯特拉的父亲廷达柔斯知道如何左右观众情绪来用石刑处死奥瑞斯厄斯，而且当时他能感受到民众的意见可能未必如此。廷达柔斯指出，法律存在的意思就是来防止冤冤相报的恶性循环，因此谋杀者必须受到排挤和惩罚，社会必须对谋杀者进行放逐。他这种以法律为准绳的言论与民选的法官们的宣誓类似"我将全力维护法律，来制止残暴的谋杀行为，这是导致城邦毁灭的主因"。廷达柔斯因此指出，古代希腊意识形态所表现出的两个极端：民法文化和兽性野蛮。

然而，廷达柔斯想诱导公民大会来做出石刑处死谋杀者的决定本身会导致更多的暴力行为，民众们也会深刻思考法律和残暴行为之间的界线：一方面，争议的法律和民事法律执行；另一方面，城邦默许的残暴行为和民众暴乱。虽然奥瑞斯厄斯的命运在阿格斯已成定局，然而在雅典没有埃斯库罗斯模式的审判景象，这种城邦民众对于刑事杀人案件的戏剧化表达当然会让任何雅典法律执行人员和去公民大会参加集会的民众们感到震撼，因为他们先前对雅典城邦的民众决策机制是自鸣得意的。

四、悲剧与社会评论

当谈及古希腊悲剧作品时候，要警惕一种把这些戏剧当作社会政治属性的说教性作品的倾向。但我们必须承认，古典希腊作家们对悲剧作家的定位无疑与说教有关。悲剧作家们的作品带有教育意义，并与当时观众的具体社会政治属性密切相关。柏拉图[1]对于悲剧的表述在今天看来颇为极端:悲剧唆使人们在情绪、道德和智力上沦丧,诱导观众迷信独裁和民主制度下那些不尽完美的政治体系。在阿里斯托芬对悲剧社会政治影响的滑稽色彩之外,也具有一定程度上的说教色彩。读者和观众对阿里斯托芬戏剧中的人物和合唱所折射的任何内容都无须大惊小怪,但像《青蛙》这一戏剧作品我们不得不得出一个结论:悲剧作家们意图通过教育人们一些真实有用的知识,来让人们变成更好的公民。这种把悲剧作家看成一个社会属性很强的“教师”的做法与欧里庇德斯在自己作品里喜欢让一些神秘主义色彩的英雄主角们像公元前5世纪的戏剧观众那样,带有当时的社会色彩,言行颇有当时社会和政治色彩。当《美狄亚》中的女主人公美狄亚谈及一个在异国他乡生活的已婚成熟女性,她的身份是一个野蛮城邦的王后。然而,她所提及的会让当时很多雅典城邦的已婚女性心有戚戚,觉得主人公的命运与自己类似。

无论在酒神节庆祝悲剧表演现场是否有女性观众,美狄亚所说的话对当时在场的雅典城邦的丈夫们都会有所触动。当然,在美狄亚这个人物身上,也有一些元素让男性公民们把她与现实中的女性们割裂开来:美狄亚有荷马史诗中的勇士特征,寻求尊敬、崇尚复仇;她表现出嗜血残暴的野蛮气质,当然还有她属于神界的父母渊源。但她对于女性命运的论述以及她对伊阿宋的背信弃义的反映都折射出当时雅典城邦的社会现实。这也说明美狄亚在涉及“社会评论”和说教言辞相关问题上在两种立场之间犹豫不决。在对于女性的论述方面她的言辞可能会让雅典城邦的男人们重新思考自己作为丈夫的责任。但戏剧后面的发展让观众也看到了她身上所具有的与雅典城邦女性特质不同的色彩,因为她也参与了兽性杀戮。

---

〔1〕 Poetics, 1995.

五、英雄主义的模糊处理

希腊悲剧作品都涉及城邦、独裁、民主制度和性别政治以及民众与精英阶层之间的关系等主题，但必须认识到古代希腊悲剧作品往往在语言和主题上模糊处理，对于时空和历史上曾经存在过的惯例等也是语焉不详。因此，有些评论家开始使用“英雄主义的模糊处理”这一说法。这种模糊处理对于希腊悲剧作家来说至关重要，因为他们可以大胆使用社会法律或者社会政治属性来渲染作品。从社会政治角度来说，恰恰是这种模糊处理让古代希腊悲剧具有一个统一的文化模式：雅典城邦的各类社会团体在宗教和节日场合齐聚一起来崇拜英雄和神灵，而他们同时也齐聚一堂来欣赏戏剧作品，聆听那些同样的英雄和神灵的悲怆故事。很多悲剧作品确实非常清晰地把主人公的悲惨境遇与某个真实具体的英雄崇拜组织联系起来。

有趣的是，悲剧作品对于英雄主义的模糊处理对于雅典城邦民主并不是铁板一块的公民团体从历史角度来说具有清晰的社会和政治影响。《俄瑞斯忒亚》三部曲中的最后一部剧作里描述了一场雅典刑事法庭的场景。但《欧墨尼德斯》文本却没有提供这一事件发生的确切日期：我们能够确定的是，这一场景发生在特洛伊战争之后不久。法庭程序和对俄瑞斯忒斯的审判语言模糊，而雅典娜和阿波罗神的论断又如此奇特，很容易得出如下结论：俄瑞斯忒斯的无罪判决和复仇女神们代表着法庭争端解决方案的典型案例，是雅典民主社会公民参与社会事务的典范。当然，埃斯库罗斯剧作里也没有具体地指出哪些元素代表雅典真实社会和政治制度元素。

因此，批评家们就绞尽脑汁想把欧墨尼德斯与雅典非常重要的政治事件联系起来。在公元前 461 年前，亚略巴谷委员会由贵族势力组成，从某种程度上限制了民主的实践程度。一位名叫厄非阿尔特的政客说服了雅典公民大会通过一些措施来限制亚略巴古的势力，这一努力让雅典城邦更加民主化。更重要的是，他的改革促成了一种司法体系的产生：每次审判案件都通过抓阄来产生一组由 30 岁以上男性公民组成的法庭来处理法律纠纷。这种改革让行贿受贿没有任何机会,因为审判需要在1日之内完成,而且陪审团规模很大,通常有几百人。并没有法官来指导陪审团。陪审团成员们需要在听完原告与被告陈述之后做出自己的决定。这一改革当然极富争议,而改革推进者厄非阿尔特也在不久之后被暗杀。在公元前461~456年这段时期,雅典城邦陷入政治暴力,民主实践陷入停滞,在保守势力和激进政治力量间左右摇摆。

《俄瑞斯忒亚》正是在这种社会动荡之中产生的作品,但剧中对亚略巴古法庭的情节安排并非是对支持厄非阿尔特势力的默许或者是对激进势力的支持。剧作家通过对英雄主义的模糊处理,让保守和激进势力都能通过雅典的保护神雅典娜的表述看到自己所偏爱的司法体系。同时,当时的戏剧观众们也不难看出两种势力的犬牙交错,剧中复仇女神们宣誓要摧毁整个雅典城邦的叙述是两派势力矛盾的集中体现。为了保护雅典免受屠戮,奥林匹亚女神雅典娜必须创造出一种人类主宰的社会政治机构来庇护雅典城邦。虽然俄瑞斯忒斯最后被免罪的结局有些令人不安,但支持不同势力的雅典民众们通过这一剧作能够了解到这一司法体系的地位,以及对民事法律和文明价值观的重要作用。而且这些价值观超越于任何基于阶级斗争基础之上的政治势力所传达的内涵。

六、结语

本文通过对古希腊悲剧作品以及作品与当时戏剧观众之间的互动,分析了作品中直接和间接表述悲剧作品社会政治属性的特点,并结合雅典城邦民主制度的实践和演变,对现实和虚构中的雅典民主城邦实践与作品中折射的古希腊社会及其公民所带有的社会政治属性进行了研究。古代希腊戏剧作品无疑是对古代希腊城邦社会政治属性的一种体现,但涉及具体剧作,不难发现,这种社会政治属性有时是隐含在作品里的,或者剧作家会对作品的某些情节和与社会政治属性相联系的元素进行模糊处理。古希腊戏剧作品中神话与现实的结合给社会政治属性披上了一层迷幻色彩,对当时确切历史和社会政治阶段的分析与这种迷幻色彩是密不可分的。而且,古希腊悲剧作品中把雅典城邦作为一个民主制度典型,通过雅典城邦与其他城邦以及古希腊境域之外(尤其是波斯帝国)的交流和战争等情节,更加反衬出当时古希腊城邦社会的社会政治属性。雅典城邦民主是政治社会属性的典型体现,而古希腊悲剧作品的这一属性也尽显无遗。

Memory of Dispute Settlement

—A History from Diplomacy to Adjudicative within GATT/WTO

Zhang Qi(张琪) *

1. Introduction

As the dispute settlement mechanism is the centrepiece within theWorld Trade Organization(WTO), it is necessary to research its development. There are two debates in dispute settlement system: legalistic model and anti-legalistic model. The former stresses adjudication or legitimacy, the latter stresses negotiation or diplomacy. The strong supporter of the legalistic approach is the United States. Professor Jackson wrote many articles to disclose the importance of legalisation. Meanwhile, Japan and the European Union (EU) are considered supporters of the opposite position. So, it is likely that we can begin with the Havana Charter to the Dispute Settlement Understanding(DSU) of the WTO to determine whether there is a trend from diplomacy to legitimacy.

2. The ITO Time

The General Agreement on Trade and Tariffs (GATT) was part of the

---

* Dr. iur., Associate professor of law, Shanghai International Studies University. Research areas are international law and WTO law.

International Trade Organisation (ITO) , although the ITO finally broke down. Though the ITO was not established, however, it left invaluable treasure to the GATT. The Havana Charter kept old tradition, nullification and impairment clause, which applied both to legal violations and to non-violation kinds of nullification and impairment.〔1〕 It provided a single procedure, bilateral consultations, followed by reference to the ITO, which could then investigate, give a ruling, or make recommendations, and authorise suspension of obligations in serious cases.〔2〕

The ITO did not consider establishing any sort of expert tribunal to rule on legal questions at that time. It can be linked to the background of that special period after the destruction caused by two world wars, people longed for peace. This sense made draftsman naturally think of using peaceful methods to solve the disputes rather than non-peaceful decisions on court seemingly. The pursuance of peace dominated the whole society. Moreover, because of the already existence of the International Court of Justice (ICJ) , the responsibility of judgment was considered on its shoulder. In other words, at this stage, the original establishers hoped to use merely diplomatic means to solve trade disputes. Then, how did the survivor, the GATT operate and develop?

3. The GATT Stages

As the GATT survived, dispute settlement procedure accordingly developed through several stages. The only dispute procedure contained in the final text of the GATT was the nullification or impairment (N or I) provision as Article XXIII. The GATT N or I provision applied to any actions by a government

〔1〕 Hudec, R. E. , *The GATT Legal System and World Trade Diplomacy*, Praeger, London, 1975, p. 27.

〔2〕 Ibid. .

whether or not in breach, and also to any other situations. Since the whole world focused on re-establishing from war ruins, the trade volume was increased sharply after 1953/54 and the dispute settlement grew to become on important part of the GATT.

The first dispute took place in July 1948, the Netherlands complained Cuba levied discriminatory consular tax.[1] Several consultations were unsuccessful. Finally, the Netherlands delegation brought up the dispute indirectly by requesting a ruling from the chair. The question was whether Article I (General Most-Favoured-Nation Treatment) applied to consular taxes. The chairman replied yes that Article I clearly applied to consular taxes. After that, there was no further discussion.[2] A few months later Cuba reported that the discriminatory tax had been removed. In the point view of professor Hudec that the ' entire GATT proceeding was, merely a rehearsed bit of stagecraft designed to formalise the legal obligation'[3]. Nevertheless, in this case the emergency of the chairman's ruling solved the legal issue. The first case was at the second stage, which meant the cases were brought to an inter-sessional committee of the Contract Party (CP). At the first stage disputes were generally taken up by the diplomatic procedures. This was because of the historical formation of the GATT, the aim of the GATT was to abolish tariffs and trade barriers. Obviously, national governments cannot be expected to abrogate trade protectionism in one day, instead, trade liberalisation must be approached step by step. Professor Hudec used a two-step process: "first, governments should be required to collect all barriers to trade in one easily recognisable form the tariff. Second, they should

〔1〕 GATT/CP. 2/9.
〔2〕 GATT/CP. 2/SR. 11.
〔3〕 Ibid. , n. 1, p. 66.

then be encouraged to reduce tariffs by means of voluntary negotiation"[1]. That is to say, because of the historical inheritance, from the very beginning of the GATT it was enveloped in the atmosphere of diplomatic negotiation, therefore, the stage of diplomatic procedures was unavoidable.

The third stage was the working party stage, which means each CP sent a representative of its choice. It was likely that the working parties still wore the negotiating coat. In the 1950s as aresult of the influence of then GATT Director-General Eric Wyndham-White, it became the practice to use the panel to solve disputes. A panel was composed of individuals acting in their individual capacity, not as national representatives. This was different from the composition of working party. Professor Jackson noted that "this shift early on in GATT's history shows a desire in GATT to emphasise adjudication by independent decision makers as opposed to negotiated settlements of differences by national representatives"[2].

The first case a panel dealt with was in September 1952. The United Kingdom argued that Greece had increased import duties.[3] The whole panel proceeding was informal, and both judges and advocates were diplomats instead of lawyers. The panel report was drafted with an elusive diplomatic vagueness. Looking back at the cases of the 1950s, almost all legal rulings expressed an "intuitive sort of law based on shared experiences and unspoken assumptions"[4]. In the first case, there was no ruling by the panel, but Greece acknowledged violation.

If in the 1950s the dispute settlement mechanism essentially was the form of

[1] Hudec, R. E., *Enforcing International Trade Law: The Evolution of the Modern GATT Legal System*, New Hamshire, Butterworth, 1993, p. 6.

[2] Jackson, J. H., Davey, W. J. & Sykes, A. O. *Legal Problems of International Economic Relations* (3rd edi.) Minn. West Publishing, 1995, p. 329.

[3] BISD 1ST Supp. 51 - 52 (1953).

[4] Ibid., n. 6, p. 12.

diplomatic negotiation, in the 1960s it was almost left its name as the total complaints were only seven, and the whole rulings were 5. That was the resolution of world structure. The European Community (EC) took over the GATT chairs of then six European states, shaping one superpower to contend with the United States as a balance. The EC was a strong supporter of solving disputes through diplomatic negotiation. At that time the other superpower, the United States also stayed with the EC on the side of anti-legalism. They both created a climate in which legal claims were viewed as unfriendly actions. Nevertheless, it did not mean they would not use legal claims. This could be shown in the case of the Chicken War. The EC imposed a fluctuating tariff on basic agricultural products, while the US prevented the EC from using the variable levy and rejected the alternative compensation from the EC, through several round negotiations, and finally submitted the dispute to a panel. The panel came up with a figure of \$26 million instead of the \$44 million claimed by the United States and the \$19 claimed by the EC.[1] The dispute was not solved during the stage of negotiation, which both of them put in high esteem, but quickly accepted after the panel procedure. When they need, the judicial means is always there, so why bother?

The United States as always played important role in the GATT. It was the US that created the GATT, so, it declined responsibility to maintain it. In1970, there were lots of export opportunities for American exporters on the one hand, on the other hand there were little import competition in return. The American businessman, as well as politician, promoted free trade development. During the period of 1970 – 1975, 13 complaints were filed 11 of which involved America and the EC provoked another side. At that time, the EC's primary objective was

---

〔1〕 BISD 1ST Supp. 51 – 52(1953). n. 1, p. 220.

the conclusion of free trade agreements with the countries of the European Free Trade Association (EFTA). As the EC worked hard on its regionalism, it had less interest in making the GATT powerful in the performance of these duties. As Dam noted, the contribution of the role of the EC was "in triumphs of the Community perspective over national solutions"[1]. The EC brought a successful community model. On the one hand it promoted the atmosphere of free and equal competition in the community, and it also stressed regulation through legislation on the other hand. The GATT was to some extent regarded as a community, which was just bigger than the EC. It had its own distinct community rules.

Although the EC only wanted to be enthusiastic of its regional bloc economy, once its economy was threatened by other countries, it would not be hesitate to pick up the final weapon to use against others. America actively gave impetus to free trade for its benefit, while the EC cultivated their regional trade from their view, therefore, the conflict was unavoidable. From the history of the GATT, we known that it had shifted from tariffs barriers to non-tariffs barriers (NTB). The main task of the Tokyo Round (1973 – 1979) negotiation dealt with NTB. As the only way to remove NTB was to add clear and strict rules to define what governments could or could not do with various non-tariff policy instruments, obviously a necessary component of the US's political strategy was to strengthen the legal framework of the GATT. The most visible enforcement tool would be the ability to bring lawsuits. Thus, the importance of the GATT's dispute settlement procedures should be improved without saying too much.[2]

Professor Hudec indicated some advantages of a legal claim: firstly, legal actions could "become a normal and accepted part of GATT activity of a leading

[1] Dam, K. W., *The GATT Law and International Economic Organisation*, Chicago, University of Chicago Press, 1970, p. 375.

[2] Ibid., n. 6, p. 25.

country like the USA simply punctured the anti-confrontation balloon"; secondly, legal actions could provide useful results if properly managed; thirdly, legal actions would be a diplomatic justification for certain economic pressure such as unilateral trade retaliation, even if the GATT would not rule on such claims.[1] As matter of fact, the appearance of Section 301 of the Trade Act of 1974 of America verified his observe precisely. The feature of unilateral sanctions ran in the opposite direction of the GATT, and threatened the GATT dispute settlement mechanism.

As the legal actions steadily increased, some legal problems arose accordingly. In 1973, the EC filed a lawsuit that the American DISC legislation was a GATT-illegal export subsidy.[2] Because of numerous difficulties at almost every stage, this case was to last amazingly 12 years and repeated in relation to the FSC in the WTO. At the very beginning the United States refused to discuss the DISC law in the GATT. Then, it refused to conduct bilateral discussions unless its own counter-complaints were discussed simultaneously. After that, it refused unless the composition of the panel included two tax experts and unless the panel handled both the EC claim and US counter-complaints exactly at the same time after the EC asked for a panel decision. Thereafter, through two and a half years of a seesaw battle, the panel finally was in place. Professor Hudec summed two related weaknesses in that period of dispute settlement mechanism: "one was the lack of any institutionalised source of high-quality legal analysis. The other, was the absence of a procedure to deal with legal error in panel rulings"[3].

---

[1] Dam, K. W., *The GATT Law and International Economic Organisation*, Chicago, University of Chicago Press, 1970, n. 6, p. 231.

[2] BISD 23rd Supp. 98 - 114(1977).

[3] Ibid., n. 6, p. 45.

At the GATT time, the dispute settlement procedures much relied upon strong consensus and no strict deadline involving CPs. The panelists were diplomats, and that is to say, the panelists had rich political experience rather than legal experience. At this point, it was difficult for panelists to explain their reasoning through legal analysis. In this case, America posed the tax policy problem, but the panel dealt with it opaquely, using vague words to this key debate. The second weakness may lead one to think about the necessity of future Appellate Body, which at least gave another chance to correct legal errors in panel rulings to some extent. Another question in this case was whether there was relevant difference between DISC and the European laws of these three European countries as far as their export subsidy effects were concerned. Most GATT CPs viewed this case that the panel had made a serious mistake with regard to the European law. Since the EC members were familiar with the rules of the GATT, they easily block the panel rulings through against consensus. Although this case might be regarded as a flaw in the history of the GATT, it directly encouraged CPs, especially leading CPs, to reform the dispute settlement mechanism. Disclosing the shortages is not the end of the world, it may confirm our decision to reform or improve the dispute settlement system, in other words, to make it more legalised. Here we also should notice the Tokyo Round when began to stress a number of NBTs that restrained and influenced international trade flows. As I mentioned before, it led to an increase in the activity and subject jurisdiction of the GATT system. It could be proved through the statistics of the 1980s litigation after the Tokyo Round.

In the decade of 1980s, the dispute settlement mechanism played an increasingly important role. There were 115 complaints in the 1980s, while there had been only 92 complaints in the previous 30 years; there were 47 legal rulings produced by panels, whereas, there were 41 decisions from panels before the 1980s.[1] From the statistics we may infer the strong desires of CP countries. Besides, the GATT Secretariat finally created the legal office in 1981. On the one hand it showed its attention to legal issues more or less, it tried to improve the dispute settlement mechanism in the aspect of legal skill on the other hand. Of course, it was parallel to the increased new rules of the Tokyo Round. The CPs were naturally concerned that the dispute settlement procedure could supply a credible enforcement mechanism for all the rules agreed to.

America inherited from the 1970s strengthening legalisation of the GATT dispute settlement from its standpoint, while the EC as usual opposed this point. The birth of the legal office was the result of these two superpower again, and as usual the scale is likely to go to the more powerful one.

Anther reason that we should not neglect was the rise of developing countries, although they played minor role in the GATT dispute settlement procedure. Many developing countries would place their great hopes on the GATT solidifying market-oriented policies through joining the GATT and binding the Articles. Developing countries, especially from these governments' point of views, thought that being CPs could increase the weight of international obligations to their local markets, with the help of international policies to regulate their trade conduct. However, this good wish need to be on the basis of genuine understanding of the GATT legal framework, making use of GATT dispute settlement mechanism instead of being controlled by the GATT. Actually, during the history of the GATT, the developing CPs never stopped fighting for their rights. The world does not exist merely for the United States and the EC. The legalisation of GATT dispute settlement may weaken the power factor between developed and developing CPs, and provide comparatively

---

[1] BISD 23rd Supp. 98 - 114 (1977). p. 289.

predictable results for involving parties, either developed or developing countries.

We can not expect one step to reach legitimacy both from academic and practicalviews. Although during the 1980s the complaints and legal rulings increased sharply, at the same time it brought an increased number of failures. For example, in 1981 the US claimed that EC export subsidies on wheat flour violated the Subsidies Code.[1] The panel found no subsidies code violation of the EC. Then, the US blocked approval of the panel ruling. The Committee made many efforts, but at the end of 1992, the Wheat Flour panel report remained on the GATT's list of unfinished panel business. During this period, the US granted the export subsidy to let American exporters to take the whole Egyptian market, which led to the complaint by the EC. Furthermore, the US adopted more aggressive export subsidies for exports of wheat and flour unilaterally, and caused prolonged export subsidy war. Through the Wheat Flour War, we found the GATT legal system showed its pale and tiny when faced the leading CPs. The consensus was much likely a barrier instead of goodwill. This concern did not only belong to the EC in this case, but also the other CPs had the same worry, since the losing parties to the disputes could easily prevent the consequences of its loss through raising objection to the consensus. In 1984, the EC adopted a New Commercial Instrument No. 2641/84 which could be considered as the duplication of the Section 301. It promoted the atmosphere of unilateral retaliation. At the background of the inability of the dispute settlement process and the margins of the legal text of the GATT, the new round of negotiation embarked on a political venture. As the GATT was no detailed dispute settlement procedure, there was plenty room for Uruguay Round to improve.

---

[1] BISD 23rd Supp. 98 - 114(1977). n. 6, p. 491.

4. The WTO Time

Professor Petersmann considered that the new dispute settlement system of the 1994 Agreement established theWTO.[1] Ambassador Muro pointed out that it was not by accident that the Uruguay Round ended two weeks after the DSU was agreed. The legal text of the DSU clearly points out "the dispute settlement system of the WTO is a central element in providing security and predictability to the multilateral trading system"[2]. Professor Jackson mentioned several times that it was a great change from power-orientation to rule-orientation.

What does the DSU bring to us compared with the GATT dispute settlement system?

Firstly, there is a strict time-limitation during the whole stage of the dispute settlement. In the consultation stage, "if the consultations fail to settle a dispute 60 days after the date of receipt of the request for consultations, the complaining party may request the establishment of a panel"[3]; during the panel stage, "panels shall be composed of three panelists unless the parties to the dispute agree, within 10 days from the establishment of the panel"[4]; at the stage of Appellate Review, "as a general rule, the proceedings shall not exceed 60 days from the date a party to the dispute formally notifies its decision to appeal to the date the Appellate Body circulates its report"[5].

Secondly, the Dispute Settlement Body (DSB) is established to administrate the operation ofthe DSU. The DSB is hereby established to administer these rules

---

[1] Petersmann, E. U., *The Dispute Settlement System Of the World Trade Organisation and the Evolution of the GATT Dispute Settlement System Since* 1948, 1994 C. M. L. Rev. 31(6), p. 1205.

[2] Article 3(2), Annex 2, http://www.wto.org/english/docs_e/legal_e/28 - dsu. wpf.

[3] Ibid., Article 4(7).

[4] Ibid., Article 8(5).

[5] Ibid., Article 17(5).

and procedures and the consultation and dispute settlement provisions of the covered agreement.[1]

Thirdly, the DSU stresses the importance of consultations. "Member affirm their resolve to strengthen and improve the effectiveness of the consultation procedures employed by Members".[2]

Fourthly, the procedure for good offices, conciliation and mediation are codified in detail as voluntary choices. "Good offices, conciliation or mediation may be requested at any time by any party to a dispute".[3]

Fifthly, the outstanding innovation of quasi-automatic decision-making on the establishing of the panel, adopting the panel and Appellate Body reports and granting of requests for suspension of concessions in case of non-implementing dispute settlement rulings. The establishment of the panel in the GATT period was an unsolved problem as it could only be established on the basis of consensus, while the lost CPs could easily block its establishment. Under the DSU, the right of a party to have a panel established is clearly set out in Article 6. If consultations failed to resolve a dispute within 60 days, the complaining member can require the establishment of a panel, the DSB shall establish the panel unless there is a consensus in the DSB not to establish a panel. This is the opposite action of the panel establishing in the GATT, thus, it is definitely a right to set up a panel, namely, this change provides a good evidence for legalisation of WTO dispute settlement system.

Sixthly, the Appellate Body (AB) was considered a fantastic idea. As mentioned before, the complaining member's decision of appeal will automatically be to the procedure of appellate review. To some extent, the

---

[1] Article 2(1), Annex 2, http://www.wto.org/english/docs_e/legal_e/28 – dsu.wpf.

[2] Ibid., Article 4(1).

[3] Ibid., Article 5(3).

establishing ofan AB confirmed the legitimate trend of the WTO dispute settlement system. Jackson valued that "an appellate progress that has increased the rigor and careful reasoning of panel and appellate reports that are grappling with very sophisticated system governing questions of the international trade system"[1]. Palmeter stated that with the establishment of an AB, the legal system of the WTO possessed an important characteristic of all nature legal systems: the separation of the judicial power from the other organs of the government[2]. As matter of fact, the AB within the WTO dispute settlement mechanism acts itself a pioneering role. There is no AB in the International Court of Justice, neither do the European Court of Justice or likely institutions in international community. In practice, the AB performs the function of a filter.

The AB is a standing body, whereas, the panel is an*ad hoc* institution. The persons service in the AB should demonstrate expertise in law, international trade and the subject matter of the covered agreements generally.[3] It walks further than the panelists' requirement, which requires a sufficiently diverse background and a wide spectrum of experience.[4] Obviously, the AB is more concerned about jurisdiction in the field of choosing persons serving for the AB. Moreover, the DSU limits the power of the AB. The appeal shall be limited to issues of law covered in the panel report and legal interpretations developed by the panel.[5] Though there are some debate of that limitation, if DSB authorises too much power to them, it may give legalisation too much pressure at the same time. In addition, in practice may need increase longer time frame if no limitation to the

---

〔1〕 Jackson, J. H., *International Economic Law in Times That Are Interesting*, 2000 J. I. E. L. 3(1), p. 7.

〔2〕 Palmeter, D., *The WTO Appellate Body Needs Remand Authority*, 1998 J. W. T. 32(1), p. 41.

〔3〕 Ibid., n. 19, Article 17(3).

〔4〕 Ibid., Article 8(2).

〔5〕 Ibid., Article 17(6).

AB. Nevertheless, the AB has the authority to uphold modify or reverse the legal findings and conclusions of the panel.[1]

The ability is witnessed in the AB reports in which lots of interesting issues have been discussed. These interesting issues include: the status of prior panel reports; the right of a member to bring a claim under the GATT 1994, the specificity of a request for establishment of a panel, the terms of reference of panels, judicial economy, burden of proof, the scope of application of the GATT 1994 and the GATS, nullification or impairment, the scope of appeal, and representation of governments by private lawyers in AB proceedings.[2]

Seventhly, the arbitration as one of the legal means of dispute settlement is adopted by the DSU, although practically almost none of the WTO members have had recourse to arbitration process under Article 25 of the DSU.

Eighthly, the DSU is not an isolated agreement, but covers to other agreements as Appendix 1 lists, some special or additional rules and procedures contained in other Agreement list in Appendix 2. "A spirit of flexibility, which allows for texts to be added or subtracted over time and for the evolution of institutions necessary for implementation of the rules".[3]

In general, these differences provide strong evidence to verify that the development fromthe GATT to the WTO, especially through the dispute settlement mechanism, is the course of jurisdictionalisation in the aspects of time-frame, institution, means, procedures and judicial system. All the normalisation and integration illustrate the determination of the WTO.

---

[1] Palmeter, D., *The WTO Appellate Body Needs Remand Authority*, 1998 J. W. T. 32(1), p. 41. Article 17(13).

[2] WTO Appellate Body Report on EC-Regime for the Importation, Sale and Distribution of Bananas, Sept. 9 1997, WT/DS 27 AB/R, para. 142.

[3] Ibid., n. 7, p. 302.

5. Conclusion

This gave us a general impression that the dispute settlement mechanism of the GATT/WTO shifts from diplomacy to legitimacy. Nevertheless, it does not mean we should merely depend on legal means and put aside diplomatic method. Both of them interplay and complement each other. During the early stage of the GATT, when the diplomatic means occupied, the judicial method was still used more or less. When the legitimate way held a dominant position, the diplomatic method also solved some disputes. Legitimacy is afact, but diplomacy cannot be neglected. That is why the consultation Article of the GATT is firmly kept in the WTO era, additionally, the DSU gives more detailed procedure and development, and stresses that consultation is the first step of dispute settlement. In other words, at the time of legalised domain of then WTO dispute settlement system the diplomatic method settled almost one third disputes. Moreover, none of member states have recourse to good offices, conciliation and mediation. These diplomatic means may likely improve through practice.

We cannot deny the fact that we now live under the domain of legitimate time during the dispute settlement development within the WTO. Nevertheless, if we focus too much on legalisation, the whole legal framework will impede the development of the WTO and take part in every aspect of social life excessively. We need diplomacy as supplement and*détente*. Legalisation is a fact, just like we live in a globalised world, but at the same time regionalism coexists. Everything may need balance. Globalisation needs regionalization, as well as legitimacy needs diplomacy.

On Heavy Metal Pollution Litigation

Hua Yuxin(华瑀欣) *

1. Introduction on Heavy Metal Pollution

1.1 Definition, Classification and Toxicity of Heavy Metal

Heavy metal does not refer to rock genre, but to specific chemical element. Amongst all of the 119 known natural and artificial elements, metals occupy 4/5 positions in the chemical periodic table. In such a large family, heavy metal is a confusing description of certain category of metals for physicists prefer atomic number criterion but chemists pay more attention to chemical behaviour. Generally speaking, metals with relatively high atomic weights and corresponding densities, no less than $5g/cm^3$ or $5kg/m^3$, are regarded as heavy metals.[1] According to this standard, Arsenic and Astatine are also included as heavy metals. Comparatively, metals with less density are light metals, such as aluminum, magnesium, and titanium, etc. Consequently, aluminum products are

---

* The author is from Law School, Shanghai International Studies University. This research is supported by No. 15CG30 of Shanghai Municipal Education Commission and Shanghai Education Development Foundation's Dawn Scholar Project(晨光计划) and No. 2015114049 of Shanghai International Studies School's General Youth Research Project[一般科研项目(青年项目)]on the "Study on the Prevention and Control of Heavy Metal Pollution under Comparative Law"(比较法视野下的重金属污染防治研究)。

[1] German chemist Leopold Gmelin first divided elements into nonmetals, light metals and heavy metals in his classic Chemistry Handbook(Handbuchs der Chemie) in 1817.

suitable for construction and electrical transmission line, while titanium for aircraft, naval ship and even spacecraft and missile.

Heavy metals could also be divided into four large groups, such ascommodity heavy metal, precious heavy metal, minor heavy metal and transition heavy metal. Copper, iron, lead, nickel, tin and zinc are those major commodity heavy metals that have been applied in ordinary life. Precious heavy metals are rare and costly. Besides gold and silver, iridium, platinum and rhodium are also such metals. The aforementioned metals are abundant in the lithosphere, but mercury, protactinium and vanadium, ex al., are so relatively exiguous that they are called minor heavy metals. Moreover, most transition elements are metals because they all feature for high melting point, density, and rigidity due to strong chemical or metallic bonds within their crystals. In all transition heavy metals, half-life periods of americium, berkelium, californium, einsteinium, and radium et al. are greater than one day while others are not.

Not only scientific definition and classification of heavy metals vary according to the research purpose, different scopes thereof have stimulated arguments amongst authorities. For example, in the beginning, only rare solid metals as cadmium, chromium, lead, and tantalum were regulated by laws, and later other valuable and marketable solid metals as copper, zinc, and manganese were under inspection as well. And mercury, the only liquid metal, and arsenic, a metalloid, were treated as heavy metals for legal purpose.[1] In China, no such classifications existed before 2016,[2] but the emissions standard for precious heavy metals is comparatively low according to effective judicial interpretations.

---

〔1〕 Environmental Protection Ministry of the People's Republic of China, et al., The Twelfth Five-Year Planning for the Comprehensive Prevention and Control on Heavy Metal Pollution 3(2010)(重金属污染综合防治"十二五"规划)。

〔2〕 The People's Court and Supreme People's Procuratorate, The Interpretation on the Application of Several Legal Issues in Environmentally Criminal Cases §1.3(2013).

Under several Japanese laws, even iron, platinum, silver, and tungsten are elements under control in some circumstances. Therefore, heavy metal is a fundamental term in environmental protection law although some chemists hold that the ambiguous word is meaningless.[1]

For their uniquechemical and biological functions, heavy metals affect human beings positively and negatively. On one hand, several heavy metals are essential to life because they are required for certain biological processes. For example, nickel promotes cell growth, manganese regulates enzyme function, and the blood is ironic red because iron transports electron in circulatory system. On the other hand, heavy metals would cause physical and mental damages. Although theoretically any element could pollute environment and blemish health if it exceeds threshold, detrimental effects of heavy metal are more frequently discovered in practice because of its toxicity. Afal and Wiener had concluded them as follows[2]:

Table 1 Toxic Effects of Major Heavy Metals

Heavy Metal	Acute exposure *usually a day or less*	Chronic exposure *often months or years*
Cadmium	Pneumonitis (lung inflammation)	Lung cancer, osteomalacia (softening of bones), and proteinuria (excess protein in urine; possible kidney damage)

[1] John H. Duffus, "*Heavy Metals*"-*A Meaningless Term*?, 74 International Union of Pure and Applied Chemistry, 793, 793 - 807 (2002).

[2] Adefris Adal, Sage W Wiener, *Metal Toxicity*, Available at http://emedicine.medscape.com/article/814960-overview (last visited May. 20, 2017).

续表

Heavy Metal	Acute exposure *usually a day or less*	Chronic exposure *often months or years*
Mercury	Diarrhea, fever and vomiting	Stomatitis (inflammation of gums and mouth), nausea, nephrotic syndrome (nonspecific kidney disorder), neurasthenia (neurotic disorder), parageusia (metallic taste), and pink disease (pain and pink discoloration of hands and feet) and tremor
Lead	Encephalopathy (brain dysfunction), nausea and vomiting	Anemia, encephalopathy, foot drop/wrist drop (palsy), and nephropathy (kidney disease)
Chromium	Gastrointestinal hemorrhage (bleeding), hemolysis (red blood cell destruction), and acute renal failure	Pulmonary fibrosis (lung scarring), and lung cancer
Arsenic	Nausea, vomiting, diarrhea, encephalopathy, multi-organ effects, arrhythmia, and painful neuropathy	Diabetes, hypopigmentation/hyperkeratosis, and cancer

1.2 Major disasters of Heavy Metal Pollution in History

More than half of "Eight Most Grievous Environmental Nuisances in the World" ("世界八大公害") are related with heavy metal pollution historically when the precise criteria are still under debates. Heavy metal nuisance, however, has not been regarded as an independent environmental pollution; therefore disasters concerning atmosphere, water and land pollution would be analyzedseparately*infra*.

Atmosphere pollution, also called atmospheric pollution or air pollution, refers to the diseases or death of human beings caused byparticulates and biological molecules introduced into atmosphere. Invariably lower rate emission from forge, smelter, laboratory and other modern factories could be substantially diluted by natural flow in stratosphere, but catastrophe would occur due to the concentration, duration or scourge of gaseous contaminants and their compounds. Typically, such pollution processes have three phases. Ab initio, gases with concentrated pollutants are emitted into low altitude, where inversion layer is erected by warmer airflow and impedes pollutant dispersion. After several days, more toxic compounds are combined under the catalysis of heavy metals, especially the transition ones. In the end, numbers of diseases such as chronic obstructive pulmonary disease, heart disease, lung cancer, and respiratory infections increase after mass extinction of wild and domestic animals. For instance, the Meuse Valley fog (Dodelijke mist in de Maasvallei) which slaughtered sixty citizens from the 1st to the 6th December in 1930 was caused by sulfur trioxide, the product of oxidation reaction of sulfur dioxide catalyzing under heavy metals, which was released from hundreds of factories located in Engis town within Belgium along the Meuse river.[1] The similar phenomena also happened in other notorious accidents, including 1984 Bhopal gas tragedy in India, 1952 London great smog in Britain, and even 1948 Donora smog in the United States, "one of the worst air pollution disasters in the nation's history".[2]

Although afloat pollutants are partiallyabsorbed by waters, including stream, pond, lake and even bay, in which approach water pollution intimidates aquatics, heavy metals mostly precipitate in land, and deposit underground. Consequently, sundry heavy metals and their leaking mediums result in multifarious environmental and physical damages. In 1890 and 1896, two major floods,

[1] André Allix, *Le brouillard mortel de Liège*, 8 Les ÉtudesRhodaniennes133 – 144(1932).

[2] Hamill, Sean D., *Unveiling a Museum, a Pennsylvania Town Remembers the Smog That Killed 20*, N. Y. Times, Nov. 2, 2008, at A2.

however, also swept down waste from the slag heaps produced by the mines onto the fields, leaving the land, river and farmers thereof sterile, and facilitating the first Japanese anti-pollution law, the*Factory Law*(工場法).[1]

Besides, from 1912 to the 1970s, two thousand citizens who ate fish and rice in Toyama Prefecture(富山県) were nursed in hospital for brittle bones, anemia, kidney failure and other fatal diseases. Because the patients continuously cried out "it hurts", pronounced as "itai-itai" in Japanese, due to the inevitable fractures when the bones weakened, such cadmium poisoning eliciting symptoms earned the appellation "itai-itai disease". In order to surveil cadmium pollution from Mitsui Mining & Smelting Co. (三井金属鉱業株式会社) in such fishery and agricultural products, Japanese congress passed the *Agricultural Land Pollution Prevention Law*(農用地の土壌の汚染防止等に関する法律) in 1970.[2]

The longest heavy metal litigation, however, could be traced back to1908 in Minamata village, Kumamoto Prefecture(熊本県), Japan, which broke out in the middle of the twentieth century and will have been integrally settled before the end of 2020. Initially, the Chisso factory (窒素工場) emitted mercury into the Minamata Bay. Later, fish, cats and eventually human beings were infected through the food chain and biological magnification effect. Ataxia, numbness in hands and feet, muscle weakness, loss of peripheral vision, and damage to hearing and speech are common symptoms. Victims with such diseases or their posterities are still striving for the compensation through tort litigations.[3]

1.3 Major Conventions and Laws for Heavy Metal Control

As Michael Weikah composed for Helloween, "Heavy metal is the law that

---

〔1〕 Ashio Manufacturing and Smelting Ltd. ,2007 Annual Activity Report(2008). 足尾製錬株式会社「平成19年度活動報告」(平成20年)。

〔2〕 JapaneseEnvironmental Protection Department, The White Paperon Environment.

〔3〕 Junko, Masano, Four Major Pulic Nuisances Diseases3 – 62(Tokyo, New Central Public Review Press, 2013).

keeps us all united free, a law that shatters earth and hell",[1] developed countries and international community promulgated specific conventions, laws and regulations for the whole life cycle of heavy metals. For example, the *Rotterdam Convention* required transportation and export of heavy metals and their products should obtain prior informed consent from potential affected states,[2] the *Basel Convention* banned illegal transboundary movements of heavy metals waste,[3] and certain protocol determined liability for heavy metal air pollution.[4]

Specifically, the *Minamata Convention* on Mercury was agreed in Japan, 2013, with 128 signatories and 69 ratifications before 2018. This Convention, *inter alia*, forbids any new mercury mines, draws a phase-out schedule, and regulates its interim storage, disposal and treatment. Many countries have enacted laws and regulations accordingly. China has ratified the Convention and will have phased out clinical mercury-thermometers before the end of 2020. In the case of the United States, for instance, specific taxes were levied onsales, and input,[5] transportation,[6] and treatment[7] of mercury were under strict supervision. Moreover, several Acts were applied as product-related restrictions, i. e. the *Insecticide, Fungicide and Rodenticide Act of* 1910,[8] the *Food, Drug and Cosmetic Act of* 1938,[9] and the *Mercury-Containing and Rechargeable Battery*

[1] Michael Weikath, Kai Hansen, *Heavy Metal is the Law*, Walls of Jericho, 1985.

[2] The Rotterdam Convention on Prior Informed Consent Procedure for Certain Hazardous Chemicals and Pesticides in International Trade, Sep. 10, 1998, 38 I. L. M. 1.

[3] The Basel Convention on the Control of Transboundary Movements of Hazardous Wastes and their Disposal, March. 22, 1989, 28 I. L. M. 649.

[4] The Protocol to the 1979 Convention on Long-Range Transboundary Air Pollution on Heavy Metals, June 24, 1998, 37 I. LM. 428.

[5] I. R. C. § 4661(2017).

[6] Hazardous Materials Transportation Act., 19 U. S. C. § § 5101 -5127(1975).

[7] Resource Conservation and Recovery Act., 42 U. S. C. 82 § 6901 et seq. (1976).

[8] Insecticide, Fungicide and Rodenticide Act, 7 U. S. C. 6 § 136 et seq. (1910).

[9] Food, Drug and Cosmetic Act, 21 U. S. C. 9 § 301 et seq. (1938).

Management Act of 1996.[1] The major provisions of Minamata Convention have been summarized in the following table:

Table 2 Major Provisions of Minamata Convention on Mercury(2013)

Article	Content
1	Objective
2	Mercury supply sources and trade
3	Mercury-added products
4	Manufacturing processes in which mercury or mercury compounds are used
5	Exemptionsavailable to a Party upon request
6	Artisanal andsmall-scale god mining
7	Emissions
8	Release
9	Mercury wastes
10	Contaminated sites

Correspondingly, the European Union executed several Directives to urge its members to phase out commodities containing heavy metals.[2] Other states also formulated laws to prevent or control heavy metal pollutions, including Japanese

[1] Mercury-Containing and Rechargeable Battery Management Act, 42 U. S. C. 137 § § 14301 – 14307(1996).

[2] For example, Council Directive 76/769/EEC on the approximation of the laws, regulations and administrative provisions of the Member States relating to restrictions on the marketing and use of certain dangerous substances and preparations, Council Directive 84/360/EEC on the combating of air pollution from industrial plants, Directive 1999/45/EC of the European Parliament and of the Council concerning the approximation of the laws, regulations and administrative provisions of the Member States relating to the classification, packaging and labelling of dangerous preparations, Directive 2000/53/EC of the European Parliament and of the Council on end-of life vehicles, Directive 2000/76/EC of the European Parliament and of the Council on the incineration of waste, Directive 2006/66/EC of the European Parliament and of the Council on batteries and accumulators and waste batteries and accumulators and repealing Directive 91/157/EEC, andCommission Directive 2008/128/EC laying down specific purity criteria concerning colours for use in foodstuffs.

Agricultural Land Pollution Prevention Law 1970, Indian *Mines and Minerals Act of* 1972, Slovak *Waste Management Act of* 1991, Philippines*Ecological Solid Waste Management Act of* 2000, Estonian *Packaging Act of* 2004, Trinidad and Tobago' s *Pesticides and Toxic Chemicals Act of* 2011, Bulgarian *Waste Management Act of* 2012, Australian *Pollution of Waters by Oil and Noxious Substances Act of* 2014, Korean *Wastes Control Act of* 2015, and Kenyan *Mining Act of* 2016, et al. Therefore, more countries try to prevent and control heavy metal pollution.

2. Heavy Metal Litigation in China

2.1 Major Heavy Metal Control Laws and Regulations in China

Heavy metal pollution has been directly controlled by Chinese laws and regulations, but itsindirect effects are beyond supervision to some extent. On one hand, the 1988 *General Provisions of Chinese Civil Law*, the 2017 *General Part of Chinese Civil Code*, and 2009 *Chinese Tort Liability Law* could be regarded as the major legal sources, and heavy metal emissions to food,[1] field,[2] and marine area[3] have been strictly prohibited under *Chinese Environmental Protection Law*, *ChineseMarine Environmental Protection Law* and *Chinese Food Safety Law*, et al. According to *the Supplementary Provisions to the First Regulation concerning the Prosecution Standard of Criminal Cases within the Jurisdiction of Public SecurityOrgans*, anyone who sells food with heavy metal over national standard commits crime.[4] Before this provision, Liu Liguo(柳立

[1] Chinese Food Safety Law(《食品安全法》) § 34(2015)。

[2] Chinese Environmental Protection Law(《环境保护法》) § 49(2014)。

[3] Chinese Marine Environmental Protection Law(《海洋环境保护法》) § 33(2016)。

[4] The Supreme People' s Procuratorate and the Ministry of Public Security, Supplementary Provisions to the First Regulation concerning the Prosecution Standard of Criminal Cases within the Jurisdiction of Public SecurityOrgans(关于公安机关管辖的刑事案件立案追诉标准的规定(一)的补充规定) § 3.1(2017)。

国)case has been published as a model one in the *Fourth Guide Cases by the ChineseSupreme People's Procuratorate.*[1] After 2016, the Supreme People's Court and Supreme People's Procuratorate decided to raise the criminal standard of valuable heavy metalemissions, including nickel, copper, zinc, silver, vanadium, manganese, andcobalt, from three times to ten times the national allowable emission standard,[2] but there was no such amendment for other metals.[3] In addition, the Supreme People's Court in 2015 published *Interpretation on Several Issues concerning the Application of Law in the Trail of Environmental Tort Liability Disputes*, whose provisions is the guide for the courts in reality.[4]

On the other hand, however, no specific rules for heavy metal litigationsubstantively or procedurally. For instance, the framework for the prevention and control of such pollution is merely *Action Plan*[5] of the State Council rather than *Law* passed by the National People's Conference, which implied that the capability of implementation still could be improved. For example, Article 8 of 2016 *Chinese Soil Pollution Prevention Action Plan* suggested each province establish Heavy Metal Foundation to reduce the negative

---

[1] The Supreme People's Procuratorate, *Case concerning Liu Liguo, et al., on producing and selling toxic, harmful food, and counterfeit products*, The Fourth Guide Cases(最高人民检察院第四批指导性案例)(2014)。

[2] The Supreme People's Court andThe Supreme People's Procuratorate, Interpretation on the Application of Several Legal Issues in Environmentally Criminal Cases(关于办理环境污染刑事案件适用法律若干问题的解释) § 1.4(2016)。

[3] Id. § 1.4, and § 1.3 of its 2013 version.

[4] The Supreme Court of the People's Republic of China, The Interpretation on Several Issues concerning the Application of Law in the Trail of Environmental Tort Liability Disputes(关于审理环境侵权责任纠纷案件适用法律若干问题的解释)(2015)。

[5] *See* Environmental Protection Ministry of the People's Republic of China, et al., The Twelfth Five-Year Planning for the Comprehensive Prevention and Control on Heavy Metal Pollution 3(2010)(重金属污染综合防治"十二五"规划); The State Council, Water Pollution Prevention Action Plan(水污染防治行动计划) § 12,16,21(2015) and Soil Pollution Prevention Action Plan(土壤染防治行动计划) § 10,18,20,25,28(2016)。

effects of its pollution, but some core issues remain unresolved, including the source of fund, the procedure of soil evaluation, the method of fund allocation, and the methodology of soil recovery, et al. Moreover, there is no special law or regulation on the prevention and control of heavy metal pollution, the current environmental quality standards are comparatively low because its cumulative effect has not been taken into consideration, and there are no authoritative criteria to assess their legal effects.

2.2 Characteristics of Heavy Metal Litigation

Although laws and regulations have beenpromulgated to relieve the victims under heavy metal litigation, which differs from typical tort where the conduct of wrongdoer, the facts of damage, and the relationship thereof are more convenient to be determined, at least three features of heavy metal litigations have to be reviewed.

Firstly, the wrongdoing orinfringement is not so easy to be verified. In traditional tort, the plaintiff needs to prove the existence of impinge in battle or insult in defamation, but the heavy metal polluters may have done nothing directly to the plaintiff at all. Besides, such polluters might be coal preparation centers, metallurgical enterprises or pharmaceutical factories, which raise employment rate in the area, supply abundant resource to the society, and pay tax accordingly. In one word, they develop business for economic benefits, not for pollution. Although Article 65 of *Chinese Tort Liability Law* required any polluters to assume their responsibility, this article implied direct emission rather than indirect effect.

Secondly, scholars are soskeptical about the species, scope, and severity of damage to property and human beings. For instance, Minamatadisease was named after the polluted area because its symptom, pathogenesis and therapeutic regimen were not ascertained even after twenty years from its outbreak.[1] In China, many journalists have disclosed children with higher Pb-B level, but their number, potential complication and the effect on their future generation have not been fully discussed.

Thirdly, the causal relationship between the pollution and damage is difficult to prove before the court as well. AlthoughArticle 65 of *Chinese Tor Liability Law* could be cited to relieve the victims of the burden of proof, they are usually confronted with other problems thereof. For example, historical emission would firstly damage crop and animals by biological amplification, so human beings would be affected after a long period indirectly, and more emphases have been put on latency, lethality and life quality. Babies were born with defects after the pit had been relinquished in certain cases, and compound input-output effect occurred when emissions from unrelated polluters concurred in the same current.

Briefly, more burdens of proof have been laid on the plaintiff in heavy metal pollution litigation in terms of the determination of potential wrongdoer, the level of damage, and the scientific relationship between them. Thence, new rules are required to modify or amend the existing legal framework in China.

3. Discussion and Suggestion

3.1 Establishment of Heavy Metal Prevention and Control Framework

That Chinese heavy mental pollution prevention and control laws and regulations are not so effective might partly be the result of immature scientific control framework. For example, plaintiffs in heavy metal litigation need more

[1] The first medical thesis used the terminology of *Minamatadisease* is Takeuchi Tadao, *A Pathological Study on the Minamata Disease, aCentral Nervous System Disease with Unknown Cause in Minamata Region*, (*Part* 2), 31 Journal of Kumamoto Medical Association, supplementing book 2. (武内忠男「水俣病(水俣地方に発生した原因不明の中枢神経系疾患)の病理学的研究(第二報)」、『熊本医学会雑誌』(31 巻補冊 2)。

authorities to supply relevantdata and testing report. The Key National Laboratory of Heavy Metal Pollution Monitoring for Environmental Protection(国家环境保护重金属污染检测重点实验室), was recently approved by the State in 2016. Moreover, Chinese heavy metal emission standards are much looser than those in other developed countries. For example, clinical mercury thermometer has been replaced by electronic or thermal radiation thermometer in Sweden from 1992.

Although*Chinese National Bulletin on Soil Pollution* 2014 evaluated heavy metal pollution macroscopically, more information thereof should be fully disclosed to the public. Report of polluted fields, unhealthy children or cancer villages are still not welcomed by certain local authorities, but every citizen should first enjoy environmental human right, including the right to access environmental information, to participate in construction decision, and to resort to legal remedies. Therefore, a heavy metal control framework is required as the foundation of litigation.

3.2 Modifications of Existing Rules

It is necessary to makeamendments to both substantive law and procedural law to resolve heavy metal litigation. On one hand, the defendant should assume liability even if the damage to the plaintiff is partly caused by force majeure. In heavy metal litigations, there is no need to prove the intention of infringement, and some pollutant discharge and accidents are brought about by disasters including flood, landslide or earthquake. However, the result of heavy metal pollution is irrevocable, so the polluter should not be allowed to have any excuse. For instance, Article 125 of 2015 *Chinese Atmospheric Pollution Prevention and Control Law* has cancelled force majeure as a legal defense which was in its previous version, but this law does not fully apply to heavy metal control. Besides, many laws allowed amendments to exclude force majeure, including Article 85 of 2008 *Chinese Water Pollution Prevention and Control*

Law and Article 29 of 2009 *Chinese Tort Liability Law*.

On the other hand, the procedural rules have been obstacles for potentialplaintiffs. For example, Article 66 of 2009 *Chinese Tort Liability Law*, the defendant should take the burden to prove it has no or less responsibility for, or no causal relationship between his or her behaviour and, the damage of the plaintiff. Scilicet, the plaintiff takes no burden of prove at all. However, according to Article 6. 3 of 2015 *Interpretation on Several Issues concerning the Application of Law in the Trail of Environmental Tort Liability Disputes*, any court could review such case only if the plaintiff already proved there was certain "connection"(关联性) between the original or secondary contaminants and the damage he or she had suffered. This rule, which neither accords with the national laws nor complies with legal principle, should be reviewed by the Supreme Court or the National People's Conference for its legality.

3.3 Introduction of New Rules

Besides modifications, new rules are also essential to heavy metal litigation. Firstly, a newsystemic*Soil Protection Law* rather than *Land Protection Law*, a specific law which determines the duty and responsibility of each party, would supply the legal framework for heavy metal disputes.

Moreover, heavy metal litigation needs new rules for the reasons aforementioned, especially for the protection of victims andenvironment itself. Plaintiffs should be allowed to trace not only the responsibility of polluter, but also the legal subject who has interest in the polluted land or river. For instance, if the damages caused by the heavy metal seep into the soil, the land owner or user should take joint liability. In China, local government should take the responsibility not only because theoretically it possesses the ownership of the city land, but also because historically the major polluters were state-owned companies. Therefore, new rules should focus on the control of the quality of land, the qualification of land user and quasi-laceration.

Last but not the least, moremechanisms have to be established to settle the litigation. For example, "itai-itai" disease could not be charmed away even when the plaintiff won the heavy metal case. Therefore, the amount of whole life compensation cannot be determined initially, and the law should urge the parties bargaining with each other, and allow the victim to sue for the remaining costs. It is essential to establish a national heavy metal litigation foundation to reduce the concentration of heavy metal in the soil. In short, a new *Soil Protection Law*should be introduced to solve the issues in Chinese heavy metal litigation synthetically.

4. Conclusion

In recent years, thenumber of heavy metal pollution incidents and litigations has increased, but the plaintiffs and environment have not been fully protected due to low emissions standard, heavy burden of proof and lack of special laws and regulations, although China has ratifiedrelevant conventions and modifie-denvironmental laws.

As the wrongdoer, the damage and their causal relationship are difficult to identify with current science andtechnology, this thesis puts forward the proposal to lower standard for the plaintiff who brings a suit, exclude force majeure as a defense, allow victims to claim compensation intermittently, establish national soil recovery foundation and promulgate a new comprehensive *Soil Protection Law* to settle heavy metal pollution litigation in China.

征稿启事

《上外法律评论》是上海外国语大学法学院主办的法律类学术文集。投稿实行初审与同行专家匿名审稿制，对来稿不限制体裁和语种，不考虑作者身份和背景，特别看重国际视野、研究深入、方法现代、行文规范且具原创性的学术论文和评论文章。

欢迎海内外专家学者、优秀学子惠赐稿件，来稿原则上在1万字以上，并只接收电子邮箱投稿，收稿邮箱：swflpl@126.com。

编委会自收到稿件起3个月内向作者通报审录结果，每稿必复。

为了扩大本文集及作者知识信息交流渠道，除非作者在来稿时声明保留，否则视为同意《上外法律评论》拥有以非专有方式向第三人授予已刊作品电子出版权、信息网络传播权和数字化汇编、复制权，以及向其他文摘类刊物推荐转载已刊作品的权利。

图书在版编目(CIP)数据

上外法律评论.二〇一七年卷:总第三卷 / 王静主编.—北京:法律出版社,2017
ISBN 978-7-5197-1406-2

Ⅰ.①上… Ⅱ.①王… Ⅲ.①法律—文集 Ⅳ.①D9-53

中国版本图书馆CIP数据核字(2017)第226546号

上外法律评论(二〇一七年卷·总第三卷)
SHANGWAI FALÜ PINGLUN
(二〇一七 NIAN JUAN·ZONG DI SAN JUAN)

王 静 主编

策划编辑 解 锟
责任编辑 解 锟
装帧设计 李 瞻

出版 法律出版社
总发行 中国法律图书有限公司
经销 新华书店
印刷 北京京华虎彩印刷有限公司
责任校对 杨锦华
责任印制 吕亚莉

编辑统筹 财经出版分社
开本 720毫米×960毫米 1/16
印张 13
字数 179千
版本 2017年10月第1版
印次 2017年10月第1次印刷

法律出版社/北京市丰台区莲花池西里7号(100073)
网址/www.lawpress.com.cn
投稿邮箱/info@lawpress.com.cn
举报维权邮箱/jbwq@lawpress.com.cn
销售热线/010-63939792
咨询电话/010-63939796

中国法律图书有限公司/北京市丰台区莲花池西里7号(100073)
全国各地中法图分、子公司销售电话:
统一销售客服/400-660-6393
第一法律书店/010-63939781/9782
西安分公司/029-85330678
重庆分公司/023-67453036
上海分公司/021-62071639/1636
深圳分公司/0755-83072995

书号:ISBN 978-7-5197-1406-2
定价:46.00元
(如有缺页或倒装,中国法律图书有限公司负责退换)